QUAND LA VIE DEVIENT DANSE

JOËLLE PAILLER

QUAND LA VIE DEVIENT DANSE

ISBN : 978-2-407-02011-9
Dépôt légal : mars 2021

À ceux qui ne savent pas encore que le bonheur est contagieux,
qu'il influence le changement intime, social et mondial.

PROLOGUE

Tous les êtres ont une fatalité de bonheur.
ARTHUR RIMBAUD

Cette fatalité, Gill l'attend avec ardeur, mais la société, les magazines glamours et les romans aux messages subliminaux semblent ne lui avoir rien légué. Sauf Flaubert, et encore… C'est un jeune homme en situation précaire, irradiant de vie, qui touchera son étoile.

D'autres personnages porteurs de rêves et de blessures viendront se frotter aux mystères de l'autre, dans la conquête inconsciente de l'intime, sel premier de la vie. Suivront d'autres phases inhérentes aux déploiements biologiques, consciences écologiques, et responsabilités de tous les aspects de la vie.

Contaminés par une même grâce, une frénésie leur arrivera de partout : des senteurs de pinède, de l'appel du désert, d'une course avec son chien, des pas d'un tango, du rodéo, d'une transe, de l'extinction des feux de forêt… L'impermanence est là, qu'en est-il alors de la douleur de l'autre ? Et où en sommes-nous de la nôtre et du droit au bonheur ?

PREMIÈRE PARTIE

Paris, 15 décembre 2011

Paris scintille sous un ciel glacé en cette fin de matinée singulière pour Gill Delvaux. Elle traverse le hall du Grand Hôtel dans son long vison sombre, coiffée d'une toque assortie : incarnation du grand chic. Néanmoins nerveuse, elle dépose ses clefs à la réception tandis que le concierge s'incline et lui demande si elle désire sa voiture.

— Non, je m'absente un moment, mais je pars demain matin à neuf heures pour la Suisse. Que ma voiture soit prête pour cette heure. Je vous en remercie.

Sur son passage, le regard des hommes lui pèse. La concupiscence vient de tout bord : hommes d'affaires, politiques, chasseurs de tête, aventuriers… Ce genre d'hommages n'amuse plus la belle femme qu'elle sait être, de plus parée d'élégance grâce à la fortune de son mari. Une détresse en crescendo érode ses viscères et la plonge dans une inexorable solitude. Vaste mot truffé de recoins inexplorés, de méandres limoneux où stagnent des blessures informes, lointaines, et où l'intelligence ordinaire ne peut pénétrer. Néanmoins, à peine effleurée, la question la dynamise et l'air s'anime de particules dorées ; mais tout subsiste encore : la solitude est-elle le fruit ou la cause de son mal-être ? Un dernier coup d'œil aux regards avides, victimes des apparences, achève de la dégoûter d'elle-même. Elle voudrait hurler qu'elle n'est qu'un leurre, et qu'eux sont des marionnettes activées par des diktats sociétaux débordants de fantasmes, de croyances et de pulsions congénitales ! Elle sort du Grand Hôtel anéantie. Sa poitrine brûle d'un cri étouffé. Elle n'est qu'effroi, douleur et abandon, à tomber sur le trottoir, à implorer une justice divine — l'humain est si défaillant ; mais le cri se propage en ondes convulsives qui s'adoucissent enfin. Elle découvre qu'une mer intérieure envahit sa poitrine, puis son ventre. Caressante, elle s'installe en elle, et Gill en profite pour inspecter calmement le boulevard des Capucines.

Sous la lumière cendrée, sa mémoire se ravive : elle se revoit enfant, à Sceaux, s'en émeut, accepte le souvenir ; c'est alors qu'un voile s'ouvre comme au théâtre. Il est haut, gris, impressionnant. Un regard sur sa gauche l'attire vers la terrasse du Café de la Paix, elle y entre, s'installe dans un coin et commande un chocolat. À la tasse brûlante ses doigts se réchauffent. Au velours cacaoté s'éveillent les saveurs de ses douze ans. Trente années écoulées depuis le funeste jour où elle perdit sa mère, un jour de lumière tout aussi lugubre. Alertée depuis le petit matin par l'étrange sensation de vivre en noir et blanc, elle s'oblige à revoir le destin de sa mère : fabuleux au départ, avec un final apocalyptique. Américaine et pianiste concertiste de renom, voyageant beaucoup, c'était une artiste raffinée, éthérée, quasi irréelle. Gill s'interroge sur son peu d'attrait pour l'art, alors qu'elle est esthète dans l'âme.

Hier soir, elle aurait pu s'offrir un spectacle à l'opéra Garnier, à deux pas de l'hôtel, mais des forces régissent sa vie depuis quatre ans, croit-elle, la clouant au pilori du mariage.

Une onde l'anime pourtant en quittant le Café de la Paix. Elle s'engage dans la rue du même nom, attentive à son reflet dans les vitrines ; mais son regard glisse, lucide quant à l'impermanence des choses. Du magma nuageux perce une éclaircie, elle sourit et pense que l'univers ne lui veut que du bien. Son manteau enveloppant, chaud comme les bras d'un homme qui s'attarde, évoque son mari et ses largesses. Si ce dernier cadeau la fait plus somptueuse, elle n'en est pas plus heureuse. À quarante-deux ans, son ambition réclame autre chose, elle est si lasse des apparences trompeuses. Que faire d'une silhouette élancée, d'yeux verts en amande, de pommettes saillantes, si l'intérieur n'est que chaos ? Le vrai bonheur interroge la solidité des bas-fonds, les sources de l'enfance loin de l'étalage des magazines au papier glacé qui suscitent le dispendieux et le glamour cinématographique.

À ce point de ses considérations, son regard s'aimante à la vue d'un beau jeune homme blond qui l'observe. Athlétique, en jean délavé, pull noir et casquette assortie, veste de cuir fauve à franges, il mâche du chewing-gum. Elle flaire l'Américain tout en cheminant vers les Tuileries. Une bonne marche dans les jardins la tonifiera, puis elle regagnera la rue de Rivoli. Après sa promenade, elle rejoint les arcades quand, dominant la foule, la haute stature du jeune homme émerge. C'est un beau spécimen de vingt-cinq ans environ, avec des restes juvéniles qui bientôt s'effaceront sous une puissance mâle ravageuse. Le message subliminal se répand en elle, une houle violente foudroie son ventre, draine ses fondements. Comment dompter ce désir sauvage qui fait d'elle une frustrée chronique ? La honte la submerge : ce jeune homme pourrait être son fils. Encore un dilemme à approfondir, puis elle détourne le regard et poursuit jusqu'au mythique salon de thé de la Belle Époque, Angelina. Midi sonne à l'église Saint-Roch ; elle est heureuse d'être libérée de ses habituels écœurements matinaux, sans doute dus au somnifère. Sa surprise du matin avait été de retrouver intacte sa pilule sur son chevet ! Prête à s'installer, elle voit le jeune homme scruter la vitrine, elle se rue vers la porte, l'ouvre et lui lance :

– Que voulez-vous à la fin ? Entrez ou partez, mais ne restez pas ainsi sur mes talons !

Rougissant, il ose :

– Depuis mon arrivée à Paris, vous êtes la première Américaine que je reconnaisse, et je suis Américain. Vous semblez si gentille, mais votre beauté m'impressionne. Je ne savais comment vous aborder…

– C'est fait ! Voulez-vous déjeuner avec moi ?

– Yes, mais je ne veux pas vous déranger…

– Vous avez faim au moins ?

– Oui, madame ! Hier soir, je me suis fait voler mon passeport et tout mon argent.

– Comment cela ? Toute à l'écoute, Gill fait signe à la serveuse pour assurer la suite.

– Je ne peux rien vous dire pour l'instant…

– Vous pouvez au moins me dire votre nom ?

– Grant Hudson, je suis de l'Arizona.

– Gill Delvaux, Parisienne par mon père, Américaine par ma mère, tous deux décédés…

Les plats arrivent accompagnés d'un Riesling que la serveuse verse en cascade dans de hautes tulipes. L'or pâle dégage une énergie fascinante pour Grant qui s'exclame :

– À la santé de deux Américains à Paris !

– Et ce sont deux G ! Grant et Gill !

Elle éclate de rire tout en appréciant l'ampleur de ses gestes, sa bouche gourmande, ses yeux bleus pétillant d'intelligence autant que de malice.

Même en situation de précarité, un charisme auréole ce grand garçon qui lui raconte qu'à Paris depuis six mois, il crée des encadrements pour peintres afin de parfaire sa philosophie bouddhiste et financer un stage dans un monastère des Cévennes. Hébergé par un couple qui vient de lui voler ses économies avec chantage sexuel en prime, il traverse une épreuve.

– Être abusé financièrement et sexuellement quand on est bouddhiste, ça relève d'un karma assez costaud !

– Madame, en plein dans le mille ! Argent et sexe sont des outils qui interrogent l'homme de tout temps ; le commun des mortels les croit garants de bonheur, alors que ce ne sont que des pièges !

– On vous a trahi pour être un catalyseur de bonheur en somme… mais mieux, vous êtes un marchand de bonheur… dit-elle songeuse, étonnée par la maturité du jeune homme.

– Pourtant, madame, il est plus rassurant de faire pitié plutôt qu'envie !

Gill part d'un incroyable fou rire à l'instant où la serveuse vient prendre la commande des desserts. Une fois ressaisie, les joues roses, elle passe commande, et savoure l'état d'apesanteur qui l'enveloppe. Les tartes Tatin et les cafés sont là, ils dégustent en silence, l'instant est béni.

– C'est délicieux, madame. Si je peux vous rendre service, ce sera avec plaisir.

Le cœur de Gill bat à se rompre, elle se lance :

– Grant, voulez-vous m'accompagner en Suisse ?

– En Suisse, pourquoi pas ?

– Vous savez conduire ?

– Certainement, madame.

– Je suis au Grand Hôtel, et pars à neuf heures demain pour la Suisse. J'ai besoin d'un chauffeur pour me relayer dans la neige, seriez-vous intéressé ?

– Yes, lady !

De son sac Hermès, elle sort deux billets de cent euros qu'elle glisse sous la soucoupe de son futur chauffeur — histoire de le responsabiliser — et précise :

— Je vous attends donc à neuf heures dans le hall. Réglez la note et passez une bonne nuit.

— Madame, je préfère vous attendre sur les marches de l'opéra. J'évite les hôtels chics.

— Allons pour les marches, et à demain, Grant.

Il la regarde enfiler son vison, admire son aisance autant que ces lieux surannés chargés d'Histoire. Sous les lustres faits pour magnifier les destins et revisiter les préceptes, l'âpreté de la vie se dissipe. S'il se flagellait à l'idée de succomber à l'esclavage des désirs pour échapper aux pires désillusions, chez Angelina, il change d'angle de vue. Alors qu'il ne désirait rien, le meilleur vient de lui arriver. Il en profite pour revoir une pensée d'Arthur Kessler qui lui a souvent servi de mantra : « Rien n'est plus triste que la mort d'une illusion ».

Paris, 16 décembre

Impériale, elle traverse le hall du Grand Hôtel avec le chic des années cinquante. Ce matin, son irrésistible beauté la laisse en paix tant son esprit est absorbé par l'odyssée à venir. Dans la nuit, la neige a répandu une magie ouatée qui virginise les laideurs de la ville. Tout resplendit. Rue Auber, sa voiture l'attend en ronflant dans un nuage de vapeur. Sur les escaliers immaculés de l'opéra Garnier, point de Grant : aurait-il renoncé à l'aventure suisse ? Son cœur se serre à lui faire mal, l'étau de la solitude l'empoigne. Elle se reprend, le temps de donner un pourboire au voiturier, quand une rafale de pluie glacée s'abat avec fureur. De l'épais rideau, le bel Américain déroule son mètre quatre-vingt-dix jusqu'à la portière du passager. Il monte, Gill s'étonne de le voir sans bagages et démarre, tandis que Grant banalise les choses : pas question de peser sur cette femme à la beauté d'Ava Gardner.

Au volant de sa BMW noire, elle glisse le long des quais, le Louvre, Bercy, dans une lumière provenant du sol enneigé alors que les cendres du ciel menacent de tomber. Puis la bretelle A3/A6 les embarque vers l'aventure. Grant exulte :

– Cette neige, c'est Noël avant l'heure ! Et voyager avec vous, madame, c'est Byzance !

– Noël et Byzance tout à la fois, quel programme ! Vers Nemours, nous ferons le plein d'essence. Vous vous en chargerez et vous réglerez avec le reste d'hier.

– Mais, madame, je n'ai plus rien !

– Comment ça ? Qu'avez-vous fait ?

– Payé ma chambre d'hôtel et le petit déjeuner… Je vous rembourserai, madame.

– J'y compte bien ! Dès que ce sera Byzance !

Gill est en empathie pour cet être sans soutien, et reconsidère sa solitude, la chance d'avoir eu une bonne éducation. Fille d'un brillant avocat international, elle a fait HEC à Lausanne puis devint son assistante dès qu'il se fut associé à une firme suisse spécialisée en litiges fiscaux. À sa mort, Gill se retrouva avec l'associé, George Berut, qui en fit son assistante particulière. Ami de son père, il fut un substitut paternel, puis son amant : elle avait vingt-six ans et une nature ardente. Ils travaillèrent douze ans en belle intelligence, portés par la volupté de leurs sens et de leurs affaires florissantes. Berut se hissa sur les rangs de la confiance et devint l'avocat d'affaires d'Alexandre Delvaux, homme fortuné qui cherchait un conseiller fiscal doublé d'un habile avocat. Berut était direct, talentueux financier et soucieux de ne pas faire perdre de temps ni d'argent à ses clients. Gill participa largement à la gestion du capital de Delvaux qui habitait New York et se rendait chaque trimestre à Lausanne.

Un jour, victime d'un carambolage, George ne put assurer sa rencontre avec Delvaux et délégua Gill, qui fit la connaissance du milliardaire dans l'éclat de sa suite à l'Hôtel Rotary.

Avertie par George, elle ne s'étonna pas de le voir marcher avec des béquilles, mais fut subjuguée par la vivacité de son intelligence fusant de son regard myosotis. Par ailleurs, les restes d'une beauté ravageuse l'auréolaient, et elle s'éprit de l'insondable de son esprit. Delvaux s'était bâti un empire dans l'électronique, ce qui faisait de lui un homme des plus fortunés. Avisé en affaires, il avait échappé aux lourdeurs du contrôle des changes américains en plaçant une bonne part de son capital en Suisse. Trois heures de suggestions et de conseils éclairés de la part de Gill l'impressionnèrent, tant par sa pertinence professionnelle que par sa plastique qu'il jugea très sensuelle. Dans la soirée, George lui confessa : « Tu as fait forte impression à notre milliardaire… »

Un mois plus tard, Delvaux revint à Lausanne et se rendit directement au cabinet Berut accompagné de Joseph, son secrétaire majordome. Il complimenta Gill pour la justesse de ses analyses et lui tendit un petit paquet provenant d'une joaillerie réputée. Une montre en or blanc sertie de diamants en était le contenu. George lui fit part de l'emballement de Delvaux qui laissait entendre qu'il convoitait plus :

– C'est inespéré. Je te perdrai, mais tu formeras une stagiaire avant ton départ. Notre affaire est en or !

Trois mois plus tard, Gill recevait d'Alexandre une invitation à dîner à l'Éden Palace de Montreux, au bord du lac Léman. Le faste romantique, la suite ouverte sur la nature naissante et la personnalité de Delvaux, achevèrent de l'éblouir. Au-delà du handicap, l'homme portait l'inimitable patine de l'aristocratie de l'argent. La soirée baignait dans l'enchantement des contes, quand la thématique du choix fut énoncée :

– Vous avez une classe folle rehaussée d'une belle intelligence. Si cela vous sied, je vous demande en mariage.

Un léger vertige la troubla, tandis que sa conscience lui soufflait de ne pas tergiverser :

— J'accepte, et j'espère vous apporter autant que ce que vous m'offrez.

Sa réponse plut à l'homme qui la considéra d'un regard appuyé, inquisiteur, prudent, et précisa :

— Avant de conclure, j'aimerais savoir si l'amour physique est d'une importance capitale pour vous ?

Fine mouche, elle s'était préparée au piège :

— Que voulez-vous savoir ?

— Je vous demanderai de renoncer à toute vie sexuelle si vous devenez ma femme. Je suis infirme, un jour je vous raconterai, mais n'admettrai pas le moindre soupçon de scandale. Si vous tenez vos engagements, vous serez comblée. Si vous me trahissez, je vous renverrai sans un sou.

— J'ai trente-six ans, je peux renoncer sans difficulté. J'accepte vos conditions.

— A la bonne heure ! Vous verrez qu'on s'en passe très bien, il suffit d'avoir d'autres centres d'intérêts. La libido se gère comme l'argent et le reste…

C'était mal connaître le tempérament de Gill. La première année passée dans leur résidence de Floride combla la femme du riche Delvaux aux nombreuses relations. Néanmoins, les amies de Gill lui racontaient leurs aventures clandestines fort excitantes, alors qu'elle se desséchait de l'intérieur. Son premier faux pas se fit dans un restaurant milanais. Un jeune Italien aux yeux de braise l'avait repérée au bar, et vite rattrapée aux toilettes où il la prit debout contre le mur : ce fut bref, fulgurant, acide comme un fruit défendu. Une succession d'aventures s'ensuivit au gré de ses pulsions et de ses frustrations, en Europe, jamais en Floride. Alexandre exigeait qu'elle reste en contact avec Berut pour veiller aux dollars suisses, rappelant qu'ils lui appartenaient aussi :

— Gill, tu peux faire fructifier tout ça. Fais-moi un rapport trimestriel sur vos placements. Je t'en laisse l'entière responsabilité.

Ainsi, la fortune de Delvaux en Suisse s'accrut-elle grâce à Gill et à son ex-amant.

Dans les paysages neigeux, elle savoure sa position sociale, malgré la face douloureuse du pacte. Le passager des neiges dort profondément, elle s'interroge sur sa nuit. Le ciel se dégage et dans une trouée, le soleil apparaît. Elle a faim et pense à *La Régalade de Maria*, près de Beaune. Grant se réveille et découvre les étendues blanches qui se déroulent devant lui :

– Oh, madame ! Quel cadeau vous me faites, j'en aurai des choses à vous rembourser !

– Mais j'y compte bien ! Vous m'avez dit qu'on vous avait volé votre passeport ? Que faire à la frontière ?

– Je me mettrai dans le coffre si c'est possible…

– Et si le douanier vérifie, je dirai que je ne vous connais pas. D'accord ?

– Absolument, madame !

Il fit le plein d'essence, prit le volant avec panache, s'élança dans l'infinie pureté des paysages tout en lui faisant un bref résumé de sa philosophie :

– À Lerab Ling, je renoncerai à mes désirs ; avant, j'expérimente tout ce à quoi je vais devoir renoncer.

Elle frémit. Sera-t-elle l'élue de ses désirs avant son renoncement ? Au-delà de son charme fou, elle adore sa façon de posséder sa vie. Sans doute parce qu'il s'appuie sur une éthique aussi simple que sincère ou parce qu'il a reçu au berceau la sécurité intérieure suffisante, de celle qui fait traverser les océans à la manière d'Ulysse. Elle scrute son profil droit, celui d'un empereur romain. Son envie de l'homme la terrasse, une houle fracasse son ventre, sabre ses reins, alors que Grant conduit comme un dieu libéré du bas astral.

La Régalade de Maria, 16 décembre

À La Régalade, Gill reprend ses esprits. Un carpaccio fondant de saumon, des émincés de thon sur lit de cresson, et un baba au rhum composent leur repas arrosé d'un Gewürztraminer aux reflets d'or. Auprès de ce passager sur la trajectoire bouddhiste, elle baigne dans une sécurité inédite, à en oublier son whisky quotidien ; mais des deux, qui sécurise l'autre ? Près de la cheminée, il se réchauffe et savoure l'instant présent. Rien ne peut l'assombrir tant il est digne de conduire les princes, ce qui le dispense de tout passeport.

Elle sourit aux choses dérisoires alors qu'il transpire de valeurs sûres : la solidité, la simplicité du rebond à bon escient. Une pulsion l'ébranle et la transforme en prédatrice qui voudrait lui arracher son secret, son aisance et ses dons. Terrifiée, elle s'inquiète, s'interroge sur le comment gagner une harmonie durable. Elle a trop misé sur les bienfaits du sexe pour aller bien. Quel manque de conscience, elle se sent pitoyable ! Si Alexandre connaissait ses déchirements intérieurs, il la déshériterait sur le champ. Grant l'interrompt et lui rappelle que la route sera longue ; elle s'extirpe alors de ses ressassements et s'en remet à la vigueur de Grant qui va conduire avec majesté.

Passé le Jura, et la féerie de ses forêts givrées, la frontière approche. Gill reprend le volant :

– À Gex, ce sera la halte où je vous coffrerai !

– Ce sera avec plaisir, madame !

Elle avance vers la frontière le ventre noué, mais tombe sur un douanier qu'elle connaît. Il vérifie à peine ses papiers, la laisse passer avec le sourire et lui précise que la route est praticable jusqu'à Lugano. Une voie champêtre la mène au bord d'un terrain immaculé, lieu de la délivrance. Le coffre ouvert, Grant en émerge en déployant sa stature de chevalier. Ils fendent les immensités. Admirative de sa noblesse naturelle, elle pense qu'il est fait pour accomplir de grandes choses, puis s'abandonne aux musiques de Radio classique jusqu'à la nuit tombée. L'alliance sacrée de la musique à la nature, jusqu'au ciel pailleté se reflétant dans les eaux du Léman galvanise Gill comme jamais ; elle propose un arrêt à l'hôtel Edelweiss. Ils dînent au bar. Requinqués, Grant au volant, ils attaquent les trois cents kilomètres restants :

– Nous prendrons la direction Coteau de Belmont vers les Escaliers, puis l'avenue de Belmont. Viendra la bretelle Simplon/Grand Saint-Bernard pour rejoindre l'E27. Au péage, je vous remplacerai.

– Non… j'adore vous conduire, madame.

Elle se trouble. L'amour lui manque, son cœur palpite, son corps est un brasier.

– Vous connaissez la Suisse comme votre poche ! dit-il avec un sourire dévastateur.

– Mon père avait un cabinet d'affaires à Lausanne. J'étais son assistante, la finance est dans mon ADN…

– Ainsi, votre mari profite de vos talents…

— Et moi des siens ! Entre Sion et Sierre, vous prendrez l'autoroute A9, il y a pas mal de ronds-points, à la deuxième sortie ce sera l'E62, là je vous remplacerai.

— Pas du tout madame ! En Suisse, les directions sont bien indiquées… Essayez de dormir, et comme on dit en France : *Je veille au grain !*

— Merci, Grant, votre conduite est parfaite.

Un sommeil profond l'emporte vite, proche de ceux de son enfance dans la gentilhommière de Sceaux, ceinturée d'un parc rempli de rires et de cris d'enfants qui exultent durant les vacances. Puis le drame les brisa tous quand sa mère se noya. La demeure et les cœurs se glacèrent, une maladie cardiaque affecta son père qui s'enfonça dans le travail tout en la suivant dans ses études jusqu'à ce qu'elle devienne sa collaboratrice zélée.

Une fois sortie du sommeil, Gill découvre l'extérieur avec une acuité nouvelle, tandis que Grant annonce :

— Madame, on arrive à Allacqua.

— Parfait, je suis en forme et vous remplace.

Ils roulent vers Carona. Chaque hiver, Delvaux passe trois semaines dans son chalet, attaché au rite immuable d'achever une année pour en débuter une autre au cœur des montagnes neigeuses. D'ici trois jours, il sera là. Gill roule sans fatigue, la résistance de la neige lui est salutaire. À vingt-deux heures, ils pénètrent dans la propriété, l'odyssée s'achève. À peine entré dans le chalet, Grant pousse des cris admiratifs. Sa chambre longe le parc, près du sauna que Gill vient d'allumer. L'opulence poétique et la montagne nimbée d'un clair de lune de cinéma l'exaltent :

— Madame, vous avez beaucoup d'argent !

— Mon mari est riche… Je vais sortir le dîner du congélateur, et mettre du champagne dehors. Prenez donc un sauna, moi je vais prendre un bain.

Plongée dans un bain chaud, Gill peaufine son art de la séduction : le bel Américain sera à elle. La nuit avance, l'heure de l'amour aussi. Elle hydrate son corps d'un lait parfumé à l'ylang-ylang, se maquille à peine, enfile son peignoir de soie ivoire et appelle son hôte. Le verre ambré du plafonnier sublime sa peau abricotée et sa chevelure auburn. Deux minutes plus tard, Grant frappe à la porte, elle ouvre et s'accroche à son cou. Épouvanté, il s'avance vers le lit pour se délester du fardeau qui le tenaille. Déposée, elle ouvre un pan de son peignoir et supplie :

– Grant, ne faites pas l'enfant…

– Ah, madame ! Quel parfum…

Chasseresse impénitente, elle vise la ceinture du jeune daim, puis ses boutons de braguette. D'un geste maladroit, Grant appuie sur un autre bouton, celui qui gère les postes électriques, un éclair jaillit, et la chambre devient ténèbres.

– Que se passe-t-il ?

– Un court-circuit, madame, les plombs ont sauté !

– Au diable les plombs !

– Je m'y connais en électricité, madame !

Mais sa voix s'éloigne, il trébuche, elle l'appelle en vain. Une porte claque au loin ; un silence de pierre tombale s'abat sur le chalet. Elle saisit sa torche, éclaire le parc au plus profond, où seule règne la nature pétrifiée de givre. Tremblante, amoureuse rejetée, elle va sur la terrasse, s'empare du champagne et se sert trois coupes d'affilée : l'alcool est le contre-pouvoir à la fatalité de l'amour. Quinze minutes plus tôt, l'onde de la pâmoison l'animait, maintenant elle abomine les lieux et le luxe sans chaleur. Mais le sang-froid est son point fort. Elle téléphone au Splendide Royal et réserve une chambre avec vue sur le lac.

La chaussée est fiable, elle roule à vive allure, comme poursuivie par le diable. Il est vingt-trois heures ; là-bas elle sera sauvée, soupera dans l'éclat des lustres et réchauffera son cœur d'enfant meurtri. Soudain, elle imagine une lourde porte bleue tenue par un dragon à terrasser afin d'accéder à la connaissance d'elle-même. Aux reflets du lac et au charme cossu de style fin XIXe, elle réalise que le dragon n'est autre que sa montagne de résistances, de dénis et de choix peu authentiques. L'aimable présence du maître d'hôtel, l'élégance feutrée la rassurent ; sa mésaventure s'éloigne, mais les bruits suspects provenant de la chaufferie lui reviennent. Songeuse, elle relativise son dépit amoureux : « Quelle folie d'avoir misé sur ce tocard — qui d'ailleurs n'avait rien promis, et surtout pas des prouesses d'étalon ! Je cristallise et projette mes frustrations sur tout beau gosse de passage : bien fait pour moi ! »

Son souper achevé, elle rêve d'aborder bientôt la source lointaine et absconse de ses déboires. Assagie, elle regagne sa chambre. Sa toilette à peine commencée, son portable sonne. Qui peut l'appeler si tard ? Son bain est chaud, elle va s'y prélasser sans compter. Cinq minutes passent, son portable réitère, elle est dans l'oubli de tout. Dix minutes après, elle s'éponge quand la symphonie des chants d'oiseaux reprend. Son écran affiche « George Berut ».

— George ! Tu n'as pas honte de me réveiller ?!

— Tu m'as bien dit que tu venais à Lugano avant Noël… ? Tu as bien roulé malgré le temps ?

— Parfaitement, je suis au Splendide Royal. Voyons-nous demain à onze heures au bar… Bonne nuit, George !

Lugano, 17 décembre

C'est un George méconnaissable qu'elle retrouve au bar, sirotant un whisky. En d'autres circonstances, elle n'aurait pu le reconnaître. Où était passé le flegme souriant qui l'animaient il y a six mois encore ? Il avait perdu des cheveux, gagné en estomac, son teint violacé et les mains tremblantes lui signalèrent un désastre avancé. Dans son regard piteux qui la narguait, elle vit se chahuter la détresse et l'arrogance, et elle comprit ! Grant lui avait parlé de la puissance de certains egos qui n'étaient que camouflage de blessures, de dénis, de chagrins ravalés se stratifiant en un rempart offensif, ou en rouleau compresseur passant sur tout ce qui gêne. Il avait précisé qu'un ego boursouflé est un contresens : il vit sur l'illusion de force et de pouvoir, alors que sous ses humiliations stratifiées germent de futures pathologies. Dans cet énoncé si simple, elle avait reconnu ses blessures enfantines qui se planquaient honteusement dans l'épaisseur de ses apparences de grande dame. Grant était un maître : si son savoir avancé, il le devait à son enseignante, une nonne bouddhiste docteur en psychologie, il était doué d'une supra perception humaniste renversante.

Les anciens amants s'isolent dans un salon lambrissé pour étudier la fluctuation des indices monétaires dont dépend la fortune d'Alexandre. Après le constat de la chute du Dow Jones, elle se lève et regarde par la fenêtre le lac tendu de soie irisée. Le ciel est pur, son esprit s'évade et son rêve du petit matin lui revient : sauvée d'un naufrage, elle se retrouve sur le sable d'une île. Elle verra plus tard et revient s'asseoir face à un George crispé, traqué peut-être. Elle attaque en douceur :

– Je reprendrai le Dow Jones tout à l'heure ; le secteur pétrolier CGG Veritas poursuit sa hausse, Technip domine la hausse du CAC 40, le tir groupé Renault-Peugeot-Michelin est dans sa deuxième journée de rebond, ça roule ! Lafarge remonte, quant à L'Oréal et Axia, ils sont stationnaires. Rien ne manque : je paraphe tout.

– N'oublie pas le premier dossier avant d'aller déjeuner ! s'écrie George.

– Que non ! Qu'as-tu fait de la page manquante ?

– Tu te trompes, tout est là !

– Je t'avais demandé de m'envoyer la totalité des fichiers informatisés ; il manque au moins quatre actions du Dow Jones. Tu peux m'expliquer ?

George la regarde avec un sourire cynique :

– Tu crois qu'Alexandre s'en apercevra ?

– Tu sais bien qu'il ne vérifie rien et nous fait une confiance totale !

– Tu as paraphé toutes les pages ?

– Non, et je ne le ferai que lorsque tu auras restitué la page manquante.

– N'y compte pas, ma belle !

– Que veux-tu dire ?

— Ces actions n'existent plus. Je me suis engagé à fond dans l'affaire des nickels australiens et je n'ai pas su lâcher à temps. J'espérais revendre cent cinquante dollars l'action, j'en avais pris quatorze mille. En fin de compte, on n'a pas trouvé de nickel…

— George, tu es cinglé ! Qui t'a autorisé à acheter des ressources qui n'existent pas ?

— J'ai acheté avec des actions vendues…

— Impossible, il faut nos deux signatures !

— J'ai imité vos deux signatures…

— Comment en es-tu arrivé là après tant d'années de loyaux services ? Tu comptes avouer à Alexandre que tu es un voleur doublé d'un faussaire ?

— Tu peux ajouter maître chanteur, mais notre galère est la même ! Tu connais Grant, de Paris à Lugano vous avez eu du temps…

Gill accuse le coup. Grant n'était donc pas l'envoyé de Dieu ni de Bouddha, mais du Diable !

— Delvaux, ton impitoyable mari, me mettra en prison, et toi aussi du même coup ! En souvenir des belles années passées ensemble à travailler, nous aimer dans l'enthousiasme… J'ai arrangé ton mariage. Par moi, tu es devenue milliardaire, ne brise pas tout ce vécu sans prix !

— N'essaie pas de m'enfumer ! Tu as tenu à me faire épouser Delvaux pour consolider ta position auprès de lui, vrai ou faux ?

— Vrai ! Revenons à nos moutons, j'ai une perte de deux millions de dollars, tu peux lui dire que j'ai spéculé pour son compte et que j'ai perdu, mais avec les actions du secteur pétrolier, nous allons rattraper tout ça vite fait.

— Je peux le faire, mais je lui conseillerai de te retirer son portefeuille pour le mettre dans une société financière respectueuse des conventions !

— Gill, tu ne peux pas me faire ça ! Je t'en supplie, je suis au bout du rouleau !

Peinée, elle mesure le travail de sape qu'un être peut opérer sur lui-même en un temps record. Il lance :

— Rendez-vous à quinze heures au chalet.

Face au lac azuré, entre salle à manger et terrasse vitrée, elle déguste ses mets autant que les espaces naturels qui s'étalent à l'infini. L'image du George bondissant de jadis la visite et l'interroge sur ses excès, sa dépendance aux regards censés confirmer une supposée estime. En vertu de quoi un regard aurait-il la clarté infuse pour valider la valeur de l'autre ? Tous torpillés de convoitise, de jalousies, de projections, de jugements préconçus ! Qui peut croire à ces analyses de caniveaux ? Grant a bien insisté sur la nécessité de cultiver son regard intérieur, le seul capable de jauger nos forces et nos faiblesses.

Ne sommes-nous pas le pire artisan de nos malheurs par dépendance aussi viscérale que nostalgique d'un vécu naïf ? Des remous l'assiègent, son ventre est un chaudron où dansent douleurs et chagrins puis se fondent à un feu sacré. Une onde à peine fiévreuse la traverse en allers-retours, et elle se met à remercier la terre entière de ce confondant bonheur. La montagne scintille ; elle lui sourit tant elle se sent riche d'impalpable et de beauté. Après les huîtres charnues, elle attaque le saumon sauvage et termine par un double expresso. Prête pour mener le second round qui l'attend au chalet, elle se lève avec l'impression de marcher entre l'ici-bas et l'au-delà, quelque chose comme ça…

Carona, 17 décembre

Quinze heures. Un moteur ronronnant annonce l'arrivée de George. Il entre et passe à l'offensive illico :

– Tu ne peux pas me retirer le portefeuille d'Alexandre, je n'ai plus que lui ! Les autres dinosaures tombent comme des mouches. Tu as dû voir le changement sur moi… Aide-moi à ne pas sombrer davantage...

– Comment comptes-tu me forcer ?

Sur la table de verre fumé, George dépose une enveloppe. Fébrile, elle l'ouvre, la stupéfaction vrille son beau visage : elle se reconnaît en déshabillé, déboutonnant le pantalon du bel Américain, puis s'informe :

– Comment t'y es-tu pris, sale maître chanteur ?

– Simplement. Je suis devenu un sale type aux abois. Un copain ingénieur est venu poser dans ta chambre un système caméra et appareil photo qui se pilote de l'extérieur. Génial, non ? Idem pour les plombs sautés.

— Tu as les clefs du chalet, gage de la confiance que nous te faisions. Récapitulons : flambeur, faussaire, corrupteur, violeur de domicile, maître chanteur… Comment as-tu recruté Grant ?

— Place Beaubourg, il glandait parmi les pseudo-artistes, c'était le beau gosse susceptible de t'attirer. Il avait besoin d'argent pour financer son foutu stage bouddhiste, et venait de se faire voler argent et passeport… Américain, c'était une belle affinité. Vu ses déboires et le trouvant sympa, j'ai pris une chambre pour deux, puis vous avez filé, et moi j'ai regagné Orly.

— Bien joué. Donc il te reste la carte *James Bond*, qu'attends-tu pour refaire carrière ?

— Mariée à un impuissant, tu hériteras de trois milliards de dollars, sans compter l'immobilier… ferme les yeux, nous sommes dans la même galère. Tu veux tout perdre ?

— Mais je ne serai jamais à la rue !

— Je te connais, tu ne peux renoncer à l'aisance que procure l'argent…

— Trop d'argent est une plaie ! Cette nuit, j'ai fait un rêve de dépouillement qui m'a procuré une sensation d'incroyable légèreté…

— Simple vue de l'esprit. J'ai déposé à ma banque plusieurs exemplaires des clichés. Si je tombe, tu tombes ! Voici la liste des actions à signer, que tu me remettras demain au Royal à quinze heures. Salut !

Une fois seule, elle allume le sauna. Tout fonctionne après avoir diligenté depuis l'hôtel un électricien qui est passé prendre les clefs pour faire le nécessaire. Elle fait une série de suspensions, étirements, attentive à tous ses ressentis. Puis le sauna l'anesthésie, et une douche aux huiles de géranium parachève son besoin d'unité. De sa chambre, elle contemple la chaîne de montagnes, les feux des voitures qui descendent de Vico Morcote, tout en évaluant sa scabreuse situation. La neige retombe, le lac bleu du matin n'est qu'une mer sombre. La nuit jette ses ombres sur le chalet et elle n'a plus peur. En vingt-quatre heures, la communion profonde avec la pureté neigeuse et l'univers vient d'agrandir sa vie, son regard et son souffle. Le no man's land de sa névrose, nourrie de réflexes répétitifs usants, car mentaux, envers son mari, s'effrite : elle portait le germe bien avant leur rencontre. Une grâce l'inonde, elle demande pardon à l'univers pour ses erreurs d'humanité.

Carona, 18 décembre

Debout, après une nuit paisible, elle se propulse à la porte-fenêtre de la cuisine pour contempler le parc, les arbres givrés, la montagne nimbée de neige ensoleillée. La magnificence de la nature hivernale la terrasse par instant. Quelle hérésie d'avoir cultivé un tel déni face au grandiose de la nature ! Aussitôt elle pense que de telles dimensions, quasi célestes, se méritent ; et qu'elle n'était pas prête. S'en remettant au pouvoir purifiant de la neige, elle prend son petit déjeuner. Après le passage du chasse-neige et de la sableuse, elle ira faire ses courses et passera à la poste récupérer le courrier.

En cours de route, elle se demande si elle a bien fermé le garage… l'arrivée d'Alexandre la perturbe. L'idéal serait que son mari meure afin de la sauver du chantage de George, mais il est confirmé par les médecins qu'il a un cœur de jeune homme. Dommage que le reste ne soit pas à l'avenant. Au retour, une surprise l'attend. Le bel Américain contemple la nature qui étincelle au soleil. Elle croit chavirer, les éclats du jour rehaussent sa beauté de Viking, alors elle s'écrie :

– Quel culot ! Par où êtes-vous passé ?

— Mille excuses, madame ! La cave était ouverte, mais je dois vous parler…

— Et moi donc ! À quoi sert votre soi-disant enseignement bouddhiste si vous vous comportez comme le commun des mortels ?

— J'ai de gros défauts que je révise au fil de mes actes : je note et corrige mes faux pas…

— Me voilà rassurée !

Grant, souple et avisé sur le terrain de la vie, sera un bouddhiste accompli, mais l'idée que l'angélisme et la ruse cohabitent à égalité en lui, lui déclenche une hilarité qu'elle jugule grâce à une pensée de Proust : « Dans l'homme le plus méchant, il y a un pauvre cheval qui peine. » Elle reprend :

— Donc, comment souhaitez-vous m'aider ?

— George m'a payé pour tout, et je vais essayer de récupérer les photos.

— Vous rêvez ! Il les a envoyées en plusieurs exemplaires à sa banque.

— Il faut le faire venir, et je l'obligerai à faire une lettre pour que sa banque renvoie les photos ici.

— Comment le faire venir ? Moi-même, je dois lui remettre une liste d'actions signées au Royal…

— Madame, trouvez un alibi pour le faire venir, je vais lui faire sa fête.

— Qu'entendez-vous par là ?

— J'ignore sa capacité de résistance, mais je le domine en force.

Gill s'inquiète ; elle doit éviter tout scandale, Alexandre la jetterait sans un dollar !

— Attendez, les idées vont me venir en cuisinant…

Salade, grillades, riz basmati arrosés d'un Valpolicella agrémentent leur pause.

— Madame, la vie tourne en votre faveur ; d'ailleurs, je voudrais vous voir plus heureuse…

— Vous n'allez pas recommencer, d'autant que ce qui nous arrive est bon pour notre évolution personnelle !

— C'est vrai, et vous êtes douée, madame…

— Sur ma route, un ange m'a donné le bon coup de pouce, et davantage…

Le portable de Gill les interrompt. Alexandre renonce à la Suisse pour l'Île Maurice : « Bouclez tout et rejoignez-moi d'ici deux jours au Royal Palm à Grand Baie. Désolé de ce changement, mais je tiens à passer un Noël unique sous les tropiques avec vous, Gill ! ». Ce revirement l'enchante, mais il lui faut du temps ; elle prétexte un fâcheux coup de froid. Son mari ne lui accorde pas plus de trois jours. La nouvelle va lui servir de stratégie dans ses négociations avec George ; aussi, le prie-t-elle de venir au chalet pour quinze heures. Il s'enquiert de l'état d'Alexandre : sa santé déficiente ferait chuter les actions de ses sociétés qu'il faudrait alors vendre ! Gill lui cloue le bec :

— Cesse de finasser ! Alexandre pète la forme et je t'attends !

Elle briefe Grant qui récite trois mantras et allume des bougies dans l'attente de l'énergumène. Celui-ci est à l'heure et réclame la liste des actions qui restent à signer. Gill lui demande d'écrire à sa banque afin de récupérer les clichés compromettants. Lui résiste, et un bras de fer se dresse entre les anciens amis, assorti d'insultes de la part d'un George à la galanterie douteuse. Isolée dans sa chambre, Gill écrit à la banque de George à Lausanne mais, incapable d'imiter sa signature tortueuse, l'idée lui vient qu'un as à Zurich fait des faux en tout genre. Elle le contacte, l'homme exerce toujours mais ses prix sont prohibitifs : deux mille euros la signature ! Elle pèse l'enjeu et pense que sa réputation, indissociable de la fortune de son mari, vaut bien le sacrifice ; elle s'informe aussi sur la fabrication du passeport du jeune Américain qui se présentera. Au vu des tarifs, elle impose le prix global de quatre mille euros. Le faussaire accepte. La route pour Zurich est scabreuse, mais Grant est bon conducteur. Elle le rejoint sous la véranda, lui propose la mission tout en l'informant de la fabrication éventuelle de son passeport :

— Madame, vous êtes géniale ! Comment vous rendre…

— Avant votre départ, arrangez-vous pour enfermer George en bas, dans la chaudière.

Ce qui fut fait, et de façon plutôt musclée. À seize heures, Grant s'élance vers la Suisse. Elle repense à sa conversation avec Alexandre : il avait lâché du lest et acceptait de s'envoler de New York avec Joseph. La clarté apaisée qui a clos leur entretien l'étonne. Lui, d'habitude si frontal, n'avait opposé que peu de résistance. Mais il se peut qu'elle-même ait mis en veilleuse son âme de victime… Bref, elle se sent différente, et profite de ce climat de paix pour se plonger dans un thriller d'Élizabeth George.

Tandis qu'elle prépare le dîner, le chalet est soudainement ébranlé de coups infernaux. C'est un George enragé qui réclame ses pilules cardiaques placées dans son loden. Par le filet de pêche, elle lui glisse un verre, une bouteille d'eau et ses pilules. Dix minutes plus tard, George recommence sa sérénade au prétexte que les pilules ne sont pas les bonnes.

— J'ai retourné tes poches, il n'y a rien d'autre ! Tu es en manque d'alcool, voici ton dîner avec un peu de vin. Pour la suite, nous verrons au retour de Grant.

— Que vient foutre ce grand morveux ?

— Tu n'as pas toujours dit ça ! Ménage ton cœur ! Bon appétit !

Vingt-deux heures sonnent le retour de Grant. Gill vérifie le travail avec minutie et s'exclame :

— Beau boulot, et pas de supplément ?

— Non, il a été très correct, et mon passeport est parfait. Un grand merci pour ma liberté retrouvée !

— Le plaisir est aussi pour moi. Nous allons dîner.

— Il faudrait penser à nourrir notre prisonnier…

— C'est fait, j'ai aussi prévu le pot de nuit, l'eau, le savon, les serviettes, etc.

— Vous êtes très sympa avec lui, madame, et quel bonheur d'aller à Zurich pour vous…

Gill savait que la « mission Zurich » avait participé à un accomplissement de son cœur, et que s'acquitter de ses dettes rehaussait la dignité d'un homme. Fascinés par la magie virginale du parc et le mystère de ses recoins, ils dînent en se laissant absorber par le blanc silence.

Carona, 19 décembre

Après le petit déjeuner, Gill part à pied au village poster la lettre au banquier de Lausanne et faire quelques achats. La marche lui procure un plaisir vif, et l'idée d'une partie de tennis la traverse. Elle contacte aussitôt le restaurant italien de Lugano dont elle garde un souvenir chaleureux. Le patron joue au tennis ; ne serait-ce pas la piste à suivre pour travailler sa souplesse ? Elle prend le billet d'avion de Grant jusqu'à Marseille, et celui du train pour Montpellier. Pour rejoindre le monastère en car, il aura largement de quoi pourvoir. Midi est passé quand elle rentre. Pas l'ombre d'un Grant affairé à la cuisine, mais George, installé à siroter un bourbon à l'ambre intense.

— Ne te gêne surtout pas ! Où est Grant ?

— Changement de programme ! Il est en bas, je te sers ?

Gill s'affale dans un fauteuil :

— Que lui as-tu fait ?

— Je lui ai demandé un café qu'il n'a pu passer par le filet et, caché derrière la chaudière, j'ai pris le plus long des rondins, et je l'ai assommé !

— Si tu l'as blessé, j'appelle la police !

— Et moi, je téléphone à ma banque pour leur demander de ne pas tenir compte de ta demande de renvoi de mon courrier !

— Ok, mais tu seras dénoncé pour escroquerie !

George s'adoucit, lui rappelle leur complicité de naguère, leur réputation à préserver…

— Cesse de me passer en boucle ton film ringard !

— Tu es prête à renoncer à trois milliards de dollars ?

— Mais quel obsédé ! J'ai ma société de prêt immobilier au Luxembourg qui marche du feu de dieu !

— Mais tu ne m'avais pas dit ça ! Chapeau !

— Depuis quand je me confie au premier venu ?

— Quelle ingrate et dangereuse créature tu es !

L'énormité des propos la fait éclater de rire. Puis elle met fin à ce dialogue débilitant :

— Mes qualités ne dérangent que toi. Allons voir Grant, ce sera plus intéressant.

Au sous-sol, dès la porte de la chaufferie ouverte, Grant s'abat sur George. Ils roulent enchaînés, mais en un coup de rein hardi, le plus véloce chevauche et neutralise l'autre. Grant a le dessus, prend les chevilles de son comparse pour le traîner et l'enfermer à nouveau dans la chaufferie. S'époussetant par de facétieux balayages, il déclare :

— Madame, j'ai très faim !

— Et moi, j'ai très soif ! Et je n'ai rien préparé !

— Je m'en occupe et vous sers l'apéro !

Déposant son verre, Grant admire Gill dans sa contemplation du parc et de la montagne :

— Pourquoi partir loin de ces beautés ?

— C'est vrai, mais maintenant je sais que partir sera pour mieux revenir.

— Madame, que de pépites vous allez trouver en vous : la cohérence, la solidarité, la tolérance...

— C'est vrai, être plus unifiée c'est reposant et vous êtes mon modèle ! Au fait, un moine bouddhiste peut-il se marier ?

— Bien sûr, mais moi je suis homosexuel.

Son cœur fait un bond, la vie s'arrête un instant. L'image du beau Rock Hudson se dresse devant elle ; Hudson, lui aussi… Tant de beauté virile soustraite aux femmes, quel incommensurable gâchis ! Tout s'ébranle en elle : ses fixations érotiques et tout ce qui en dépendait. Puis le manège de George lui revient à l'esprit… Se peut-il qu'Alexandre ait orchestré l'affaire avec lui ? Grant arrive avec un plateau et la délivre :

— Madame est servie. Omelette-champignons, salade, tarte Tatin, expresso du Costa Rica.

— Avant de nous séparer, je vous invite à faire le tour des forêts de châtaigniers du Monte Arbostora. Ah ! Bientôt quinze heures, je file à mon tennis. Vous garderez le chalet. Ne répondez pas au téléphone, un coup d'œil à notre cow-boy, éludez ses questions, aérez-vous dans le parc, prenez un sauna, faites de la muscu…

— Mon après-midi ne sera qu'enchantement. Profitez bien, madame !

Luigi et Gill échangent balles de tennis, sourires et sueurs durant deux heures sous le dôme de polycarbonate qui diffuse une température tropicale propice à l'exubérance des plantes vertes et des orchidées. Au-dessus de l'immense voûte transparente, le ciel déverse la magie de ses bleus marbrés de nuages. Le corps bouillonnant de Gill a besoin de s'échouer ; Luigi le sent et voit en elle un bel oiseau palpitant privé d'abri réel. L'impériale femme mariée au richissime Delvaux l'a toujours intrigué ; et le malaise dégagé par ce couple révèle des abysses que l'argent ne peut combler. Après la douche, Luigi suggère une coupe chez lui, à deux pas. Elle accepte, et pendant qu'il range le club, elle assiste, dans la transparence du dôme, à la naissance de la nuit. La moire sombre du ciel s'émaille d'étincelles tandis qu'elle découvre une dimension inconnue de l'univers où le grandiose la fait vibrer. Elle en est digne, et s'y accroche comme une naufragée.

Luigi sert le champagne. Il n'a pas la prestance du gladiateur incarné par Grant, mais son glamour de *latin lover* est opérationnel. Elle abandonne toute appréhension et murmure :

— Luigi, ce soir je cesse d'être madame Delvaux pour n'être que Gill.

De ses bras tout en rondeurs il l'enveloppe et le feu de son regard pénètre son âme. Elle n'est que fièvre, implosion, explosion, et succombe à l'extase dans l'oubli total de sa misère, sur un fond sonore de harpe envoûtant.

Luigi est un inconditionnel de cet instrument découvert lors de ses études en théologie — il a un master, mais la mort accidentelle de son père a changé le cours de son destin. Il trouve ses sonorités uniques, non éblouissantes mais pénétrantes, délicates et « spiritualisantes ». Désormais, Gill adoptera la harpe comme rempart au malheur. Vers vingt et une heures, nimbée de la force tranquille d'une conquérante qui vient de dépasser la fatalité de l'amour, Gill regagne le chalet. Grant l'attend :

— Je m'inquiétais, madame…

— Tout va bien. Je me suis attardée avec des membres du club autour d'un excellent champagne. J'ai faim !

— Eh bien, voici : côtelettes d'agneau, haricots verts. George a dîné et m'a parlé. Il veut partir demain sans la liste des actions à signer. Il m'a dit que ce n'était plus important. Bizarre, non ?

— En effet. C'est tout ?

— Au sujet des clichés, il m'a dit qu'il ne les avait pas postés à sa banque, qu'ils étaient sur la banquette arrière de sa voiture. Et j'ai trouvé l'enveloppe !

— Merci Grant, mais méfions-nous des apparences. Il peut avoir fait des copies, avec envoi à mon mari…

— Vous êtes si calme, je ne vous reconnais pas.

— Je grandis, et je vous le dois : c'est vous qui m'avez mise sur orbite !

— À votre métamorphose, madame !

Carona, 20 décembre

Gill dut s'arracher de son matelas, un sommeil de plomb l'ayant clouée au pilori de l'amour. Titubante, elle se dirige vers la douche, s'enduit de gel, et se rince longuement dans l'alternance du chaud et du froid. En s'épongeant, elle a la surprise de ne plus ressentir de douleurs, s'hydrate avec soin et enfile un ensemble pantalon sweet-shirt de velours vert olive. À la lumière argentée de la véranda, elle déjeune sans perdre sa vision progressiste. Il aura fallu peu de choses, en apparence, pour que l'hostilité du chalet ne soit plus qu'ectoplasme dissipé en d'autres sphères. Elle savoure le délestage qui la fait douce puis revient aux contingences :

– Où en est George ? Il peut prendre un sauna avant de partir.

– Il a avalé son petit déjeuner, perclus de courbatures, et se lave dans ma salle de bains. Une nouvelle urgente a balayé tout le reste, madame.

— Dieu soit loué, son numéro de justicier corrompu me sera épargné !

Vingt minutes plus tard, George apparaît comme un sou neuf. Grant, altruiste tel un bodhisattva, lui a lavé et repassé sa chemise blanche. Son apparence est sauve, et en accord avec la sobriété de ses paroles :

— Gill, je pars. Pardonne le salaud que je suis, et beau séjour à l'Île Maurice. Grant, merci pour tout : tu es un chic type, et plus encore.

L'échine voûtée, il sort. La Mercédès ronronne deux minutes, démarre et l'emporte. Grant est songeur :

— Madame, il a cessé de jouer au cow-boy à la suite d'un coup de fil qui l'a semble-t-il fort impressionné.

— Sûrement Alexandre… Vous êtes apitoyé, mais n'oubliez pas qu'il vous a assommé. Prenons de bonnes chaussures, bonnet, anorak, et direction : la pureté des montagnes !

Après une longue montée vers les cimes du Monte Arbostora, les deux amis se font complices dans l'effort musculaire qui solidarise, comme des scouts. Grisée de splendeurs, Gill ressent une véritable affection pour Grant, délestée de toute attraction sexuelle. Dans l'océan des pulsions et des émotions, elle s'était toujours noyée avant d'aimer. Elle ralentit, observe les cimes neigeuses, Grant l'imite. En silence, chacun mesure le chemin parcouru en cinq jours. Ils rejoignent le parc botanique de San Grato :

— La prochaine fois, nous déjeunerons à la cime du Monte San Salvador !

— Madame, vous ne savez pas de quoi sera fait votre avenir…

— Avec ou sans mari, je reviendrai ici m'étourdir à la végétation printanière, et d'avance je vous invite !

La véranda abrite leur dernier déjeuner : côte de bœuf avec cresson et pommes de terre cuites sous la cendre depuis le matin.

— Madame, vous ne pouvez savoir comme je suis triste…

— Et moi donc ! Je perds un cuisinier, un chauffeur expert, un maître à penser et un ami… C'est énorme ! Je vous ai réservé un vol Milan/Marseille pour treize heures ; puis vous prendrez un train pour Montpellier, et un car jusqu'à Lodève. Mon vol est à midi, nous partirons à huit heures. Je laisserai la voiture à Milan, un couple ami viendra la récupérer et l'abritera chez eux.

— On gardera le contact, madame ? J'aimerais suivre l'évolution du changement qui se prépare.

— Vous devenez devin ?

— Pour les autres, souvent. Pour moi, je suis nul ! Pendant votre tennis, je m'occuperai de l'arbre déraciné et commencerai à le scier.

Gill éclate de rire tant sa candeur est rafraîchissante et sa gentillesse sans égale :

— Un grand merci pour tout, Grant ! Mais n'oubliez pas la salle de gym et le sauna… avant votre vie spartiate !

Un peu plus tard, Luigi remarque les yeux voilés de Gill :

— Tu es sûre de vouloir jouer ?

— Oui, une heure… mon départ me rend bizarre.

— D'accord, tu resteras dîner avec moi ?

— Je ne veux pas laisser tomber Grant, le jeune Américain qui est au chalet… toi, tu pourrais venir dîner ?

— Tout dépend des réservations, mais les gens sont plus portés vers le shopping ; nous verrons après la partie.

Sous la bulle transparente où se déverse le ciel bleu qui attire la végétation en lianes, ils échangent des balles. Les plantes, soignées et aimées par Luigi, sont un baume supplémentaire au cœur de Gill.

Luigi a pu se libérer ; un bel instant d'amour unit leurs corps assoiffés de communion qui ondulent aux sons de la harpe si antique, profonde et céleste… Pour Gill, les notes font écho au fandango brésilien, ardentes, elles montent en puissance, exultent, leurs corps s'en pénètrent puis explosent en un long déferlement. À sa force d'homme, elle se répare, colmate ses brèches, tout en saisissant l'expression ténébreuse de l'amour sur le beau visage de son amant. Avec lui, l'acte amoureux n'est qu'engagement solennel qui spiritualise la chair.

Averti de la venue d'un invité, Grant, ravi, dresse couverts et menu en un éclair : dos de cabillaud sur lit d'épinards, riz basmati et mousse au cacao noir. La disponibilité de Grant ne cesse de forcer l'admiration de Gill, et son élan naturel à faire plaisir l'émeut. Néanmoins, elle souhaite qu'un enseignement approfondi lui inculque l'art de doser son empathie et ses pièges. Tel un oiseau de paradis, Gill pénètre dans le chalet, suivie de son prince. La véranda resplendit de l'éclat des bougies ricochant sur la neige ; Grant irradie, Gill fait les présentations :

– Ce grand garçon déborde de talents ! Dans le parc, ça usine, la scie turbine et les brouettes volent !

Conquis, Luigi entre dans la fièvre amicale :

– Le mouvement, c'est la vie ! Je rêverais d'être secondé au restaurant par quelqu'un qui vous ressemble…

Gill voit déjà un projet se dessiner tant la sympathie est vive entre les deux hommes, tandis que le chalet vibre d'une liesse inédite. La soirée n'est qu'insouciance et magie. C'est une vie à cette image qu'elle désire : solaire le jour, feutrée le soir venu, s'éteignant d'elle-même dès que la lune veille le monde. Luigi n'arrive pas à partir et envisage de tenir chaud à sa déesse toute la nuit.

C'est hallucinant, dans le chalet d'Alexandre, elle découvre et infuse la richesse infinie de l'amitié et de l'amour. Celle qui rend légère et meilleure, libre et épanouie, avec un goût d'éternité.

Passeport pour Grand Baie, 21 décembre

Comme aux prémices de leur odyssée, Grant conduit Gill, à Milan cette fois. Silencieux, ils caressent la neige du regard, incubent l'improbable de leur vécu et s'en remettent à la nostalgie de l'impermanence. Chacun laisse en l'autre un peu de lui qui grandira dans la tendre morsure d'un compagnonnage qui forge les cœurs, parfois les renverse, pour plus de justesse. Calée enfin dans son destin, elle sait qu'elle le doit au soutien inspirant de Grant. Tel un aquarelliste, il a ravivé les complexités de sa psyché pour leur donner du relief et les mettre à jour. Dans le Boeing 747, elle n'élude aucun détail, révise les temps forts et ressaisit l'instant où sa tête a cessé de jongler pour mettre son cœur à l'ouvrage. Mais un doute l'oppresse : sans guide, elle pourrait rechuter. Ses entrailles entrent en révolution, son cœur s'affole, elle étouffe, pense à prendre de profondes respirations qui la sauvent. Épuisée, elle s'endort.

Au réveil, tout est calme, assoupi, ronronnant. La clarté de son esprit l'incite à créer un mantra de son cru, sur le modèle de Grant ; sachant que toute pensée émise se place dans un monde vibratoire précis : le lumineux ou l'obscur. En visualisant ses pensées avec hauteur, elle projette une conscience nouvelle sur toute chose. Ainsi, son arrivée à Grand Baie sera couronnée de l'accueil chaleureux de son mari. L'idée la ravit, et elle poursuit la technique du souffle au pouvoir apaisant.

Don Miguel Ruiz, le chaman dont les récits la passionnent, l'éveille à faire du souffle un élément de maîtrise et d'alignement qui équilibre les deux cerveaux. De cette harmonie naît un jet d'hormones qui invitent à l'élan, la joie, la paix, le rebond, le sommeil… Trésors insoupçonnés que chacun peut exploiter. Ses nouvelles découvertes l'exaltent, la tournent vers le monde avec l'envie de partager, de comparer, d'exulter. Le chemin de la Connaissance, s'il éveille beaucoup d'esprits, radicalise aussi nombre de puristes. Quinze minutes de respiration lui sont nécessaires avant de s'engouffrer dans le gros pavé d'Élizabeth George.

Une heure plus tard, elle fait un effort intense pour sortir de sa bulle, puis goûte le bonheur de pouvoir perdre tout contrôle, d'être quasi stellaire en univers cotonneux, téléportée vers Alexandre. Dégagée du poids de toute résistance, Gill vit une sensation de liberté extraordinaire. Par l'esprit, elle envoie un message à ses deux amis, témoins de sa sortie de chrysalide, et surtout facilitateurs précieux ayant débusqué le germe de résilience bien dissimulé sous le clinquant de sa fortune.

Au fond, fortune et pauvreté se rejoignent par le mépris, la honte et le cortège de bas sentiments qu'elles suscitent intensément : « À bientôt, Luigi, si fiévreux, et Grant, si généreux ! La réussite de ce Noël sous les tropiques repose sur vos bontés. Comment vous remercier de m'avoir remise sur les rails de la vraie vie et d'avoir remédié, chacun dans sa singularité, à mon incomplétude ? Gratitude éternelle de votre naufragée.

"Tropicalement" vôtre,

Gill. »

Grand Baie, 22 décembre

Le débarquement est annoncé, Gill frémit comme une jeune fille. À sa descente du Boeing, un zéphyr opportun caresse son visage et l'ébouriffe comme pour ébranler son armure. Par les fenêtres du taxi, des brassées de senteurs s'engouffrent, suffocantes. À gauche, le sable blanc à l'infini, les camaïeux bleus de la mer et du ciel lui procurent une sensation de délicieuse liberté. Ici pourtant, les humains décident peu, les éléments ont tout pouvoir, songe-t-elle.

À son arrivée, les cocotiers lascifs lui souhaitent la bienvenue dans le monde enchanté du Royal Palm où Alexandre l'attend, souriant, déjà hâlé, vêtu d'un costume de lin écru et d'une chemise d'un bleu vif. Ses yeux, lavés des stress de l'homme d'affaires, sont des myosotis qui scintillent plus que jamais. Dans l'oubli du passé et le recul aidant, il lui paraît séduisant, tellement inoffensif. Le dîner débute sous un firmament étoilé, plus proche que d'habitude de la Terre, précise Alexandre. Une bienveillance inédite l'anime, alors que le pire est à venir ;

Gill sent l'ambiguïté mais n'a plus peur, c'est tout nouveau. Alexandre se lance :

— Vous resplendissez, Gill, mais n'avez-vous rien à me dire ?

— Mille choses, mais par où commencer ?

— Vous avez fait le point avec George Berut ?

— Pas vraiment, quelques points restent dans l'ombre…

— Vous pouvez préciser ?

— Il a pris sous son bonnet d'acheter un nombre faramineux d'actions sur le nickel australien. Vous êtes au courant ?

— Pourquoi le serais-je ? Je n'ai rien signé, et vous non plus ?

— Justement, il a imité nos deux signatures…

— C'est fâcheux. À combien se monte la perte ?

— Un peu plus de deux millions de dollars…

Alexandre paraît accuser le coup, elle se demande s'il a reçu les foutus clichés de George. Il prend son temps, jouit de son pouvoir de domination, se décide enfin et glisse une enveloppe près de l'assiette de Gill :

— Tenez, ceci vous concerne.

— Je suis prête, dit-elle sans toucher l'enveloppe.

— Mais regardez au moins, Gill !

— Alexandre, je n'aime pas que l'on m'impose un spectacle que je redoute, sauf si je le décide, compris ?

— Une mouche vous aurait-elle piquée à l'atterrissage ?

Un doute l'étreint, il y a méprise, l'enveloppe contient autre chose. Comment débrayer ? Grant s'impose à son esprit, quel serait son message ? Dans un mutisme souriant, elle gagne du temps, jugule ses bouillonnements, et Alexandre poursuit aimablement :

— Gill, vous avez l'air de croire que cette enveloppe contient un explosif ! Aimez-vous Paris ?

— Bien sûr, mais ici, on n'est pas mal non plus.

En elle coule une jouvence sidérante, tandis qu'Alexandre lit en elle l'évolution de ses remous :

— À la bonne heure, je vous retrouve !

Bien qu'une bombe à retardement soit toujours possible, tremblante, elle ouvre l'enveloppe et découvre un acte de propriété. Il s'agit d'un appartement à Auteuil de 150 m^2 au cinquième étage, face au champ de courses, et à son nom ! Son regard se brouille, elle passe du chaud au froid, imagine ses fibres vrillées d'acidité ; puis sa conscience s'étire à l'extrême ; d'ici peu, tout cessera, elle articule :

— Alexandre, c'est trop ! Je ne peux accepter…

— Cela me fait plaisir et vous le méritez. Je connais vos capacités, le courage et l'effort que demandent vos déplacements, votre coup d'œil boursier, et votre talent à gérer l'ensemble. C'est comme un salaire, voilà tout !

— Dans ce cas, j'accepte. Alexandre, m'aimez-vous ? Surprise elle-même par sa question, elle attend la réponse.

— Hélas ! Oui, mais pas comme je l'aurais désiré…

Son regard la transperce et le poids de sa réponse la galvanise. Leur situation est un drame : par égocentrisme, elle s'octroyait le monopole de la souffrance, alors qu'il lui voue un feu dévorant qu'il doit sans cesse étouffer. Un long soupir soulève sa poitrine, elle se sent prête à l'échange :

— Vous ne m'avez jamais livré le fin mot de votre infirmité ; au début, vous me parliez de sclérose en plaques, mais j'ai douté. Est-ce indiscret de savoir ?

— Je vous dois la vérité. Nous connaissons la vie et, malgré les apparences, j'avoue humblement avoir été un grand amoureux. Pas un Casanova, mais quand même… Il est tard, Gill, votre voyage a été long, que diriez-vous de poursuivre demain ?

— Je suis persuadée qu'elles ont toutes été foudroyées sur le champ par vos yeux !

Un grand rire secoue Alexandre qui attend l'accalmie pour répondre :

— Gill, vous me rajeunissez. Je ne me pardonnerai jamais de m'être autant encroûté dans mes fausses valeurs et mes peurs !

— Alors que la fantaisie vous rend si beau, et me contamine !

— Ah, vous reconnaissez l'emmerdeur que j'étais ! Rentrons donc, ma Gill !

La nuit tropicale résonne de l'éclat cristallin de leurs rires, et ils gagnent leurs chambres traversés des senteurs de poivre, d'eucalyptus et d'air marin.

Grand Baie, 23 décembre

Que dire de cette nuit ouverte aux étoiles, aux vents du large, à l'art de la lenteur et à l'audace de l'illimité ? Qu'elle fut sublime, à la hauteur des dernières pensées d'Alexandre. Durant quatre ans et cinq mois de mariage, ils n'avaient pas su goûter les délices de la confiance qui ouvre vers l'intime. Sclérosés de peurs, ils avaient sculpté leur psychisme dans une supercherie sophistiquée qui les faisait étrangers l'un à l'autre. Si elle convenait à leur ego, elle corrodait leur âme. Grant lui avait expliqué que l'ego était un second moi de souffrances où coulaient les laves de l'orgueil, la honte des frustrations et des humiliations, tour à tour inertes, brûlantes, dévastatrices. Bref, un volcan jamais éteint qui se forme tôt, l'enfant ayant une fierté, un sens de la dignité très puissant. Sous le coup d'une dépréciation, il engrangera le ferment d'une rage qui deviendra torche, rébellion, transgression, maladie… Grant fut la rencontre irradiante par excellence, porteur d'un savoir simple et transcendantal, que son génie de la vulgarisation magnifiait. Son onde magique la poursuit au sablier des humeurs et aux jeux de miroirs qui se renversent dans l'hémisphère sud. Le cœur d'Alexandre s'est ouvert ; dans ses yeux elle a perçu une braise vivace, puis le frémissement de sa peau qui rompt des chaînes, reprend haleine, aspire enfin à la liberté d'être, au-delà du handicap. En une ellipse, elle réalise le dur combat de son mari et s'endort chavirée.

Au petit déjeuner, l'humeur badine d'Alexandre est intacte et il expose à Gill sa discipline de vacances. Le matin sera consacré à ses affaires, suivront les bains turbulents, les jets et les massages dans le spa grandiose de l'hôtel. Après le déjeuner, lecture ou écriture. Sa plume est assez bonne, et son esprit stratégique devrait lui permettre d'écrire un bon polar à caractère judiciaire. En fin d'après-midi, ce sera la grande évasion dans l'océan. Face aux horizons, il se relâche sans rôle à jouer et, pacifié, se sent meilleur. Si les masques et les tensions l'ont aidé à se hisser au sommet d'un empire, son corps demeure le grand crucifié que seul Joseph est habilité à voir. Quant à Gill, par pudeur et par éthique, elle reste épargnée de la vision du carnage.

— Gill, je vous dois la suite. Donc, pour me punir de l'objet de mes péchés, un amant jaloux m'a déchargé son revolver dans le bas-ventre.

— Quoi ?! Mais pourquoi tant d'horreurs restent-elles impunies ?

— Cet homme a payé et m'a sauvé de moi-même !

— Comment ?

Gill songe à Grant, l'aiguilleur de sa psyché, sans qui elle pataugerait furieusement.

— Sur mon lit d'hôpital, mes neurones ont supplanté la charge de testostérone qui gouvernait ma vie. J'ai bossé, et je lui dois ma fortune !

— Incroyable ! Vous avez un sacré cerveau !

— On se demande… le flux hormonal restait en bas ; avec l'accident, tous les circuits se sont ouverts !

Gill pouffe, son mari est si drôle :

— Je vous admire, quel modèle vous êtes !

— Simple instinct de survie ! Il est arrivé la même chose à l'un de mes grands-oncles — lui c'était la hanche. Une fois handicapé, ses ardeurs se sont transposées sur la peinture. C'était en plein XIXe siècle, il avait du talent et ses affaires devinrent florissantes.

— C'est génétique, ou transgénérationnel ?

— Possible… pour certains, c'est le gros pépin qui déclenche la résilience…

— Ce drame a dû faire scandale, c'était à Zurich ?

— Oui, dans le coma pendant deux mois, le tsunami m'a été épargné, mais il m'a rattrapé ! Je venais d'être papa, j'avais vingt-cinq ans ; trois ans après, je suis parti à New York lancer mon entreprise, et l'électronique a hérité de mes ardeurs…

— Une telle affaire explique tout de vous… Je pars nager, à midi je grignoterai au bar de la plage, puis lecture et marche, donc à ce soir, Alex !

— Parfait ! Ce soir nous dégusterons du homard.

Dans l'éden où rien ne presse, elle foule le sable nacré entre mer et mangrove, puis nage à se perdre, pour mieux renaître. Elle envoie un mail à Luigi : « Je n'ai pas trouvé de bon partenaire pour le tennis, mais être seule me rapproche de toi. Je m'accorderai quelques excursions et prépare un séjour ici, avec toi, mon amour. Ta Gill. » Pour Grant, un bref texto convient au respect de sa retraite. Avec internet, les frontières tombent, les interdits sont balayés, la liberté repensée, l'amour hystérisé. Elle goûte ces heures exquises où l'impalpable venu de sources originelles n'est que caresse. Ses pas la mènent du sable blanc à la mer tiède, la vie s'emballe en elle, elle retient l'ivresse qu'elle va noyer dans l'océan. Le grandiose l'effraie encore, il la rend petite et fragile, elle se voudrait plus initiée à la conquête d'elle-même.

Au dîner, Alexandre est radieux, volubile. Travail, plaisirs aquatiques et bonnes nouvelles ont ponctué sa journée, puis il se met à faire les louanges de George :

– George a contacté un agent immobilier à Milan, Gino Lombardi, pour la vente de l'immeuble. Avant d'en reparler, je dois vous avouer une chose peu glorieuse.

Gill sent la bombe à retardement avancer, au rythme des pions d'Alexandre :

– Le champagne arrive et va m'aider à me faire pardonner une chose indélicate. Vous voyez, Gill…

– Je vois parfaitement…

– J'ai fait jouer un rôle ingrat à George, un peu contre mon gré, et je vous en demande pardon. Il m'a fait parvenir les fameux clichés que j'ai brûlés. Je voulais savoir et j'ai vu que ce Grant n'était pas l'homme de la situation ; malgré tout, j'ai décidé de vous rendre votre liberté, si vous le souhaitez.

– Vous avez osé ? Les hommes sont des enfants, mais votre sincérité m'émeut… et je vous pardonne.

Elle est sidérée : son mari n'est plus un ogre mais un être sensible, un peu perdu comme nous tous. Une irrépressible convulsion l'ébranle et un déluge de larmes éclate. Un goutte-à-goutte tombe dans le champagne pendant que l'admiration, le chagrin, la honte et le bonheur se livrent à une sarabande. Alexandre ose :

– Vos larmes sont les perles de l'univers, et j'y ai reconnu les miennes, celles que je n'ai pas versées quand j'ai eu mal, quand j'ai fait mal, et les autres tant retenues. Gill, dans vos larmes, il y a celles du monde…

– Vous avez une âme de dramaturge, Alex…

— Je suis double… j'ai dû beaucoup dissimuler, mais depuis que je me suis mis au jardinage, j'ai réalisé que depuis une décennie, cette dictature envers moi-même, je l'imposais aux autres !

— Quel rapport avec le jardinage ?

— Mon regard s'est posé sur la moindre graine, la moindre pousse comme une caresse, et les voyant se féconder à vue d'œil, j'ai compris que tout ce qui vit avait besoin du même égard, à commencer par moi…

— Trouver l'harmonie en soi pour qu'elle rayonne autour de soi…

— Yes ! Cela m'a pris du temps, mais Joseph et sa culture taoïste m'ont aidé… Je poursuis en me délestant, d'où mon idée de vendre Milan et Miami. Je garde New York et Carona. Dès que l'évasion me prendra, des hôtels comme celui-ci nous tendent les bras. Quant à vous, le bel appartement d'Auteuil vous attend. Pensez-y…

— Rien ne presse… L'intelligence de votre cœur me bouleversera longtemps, vous, l'impitoyable !

— Je sais, j'ai pu l'être, c'est fini. Si j'ai souvent croisé le fer en affaires, il est des regards qui ne demandent que reconnaissance. Une chose encore : les deux millions de dollars du nickel australien n'ont jamais été perdus puisque les actions n'ont jamais existé. George a fait fort dans son montage. Je ne voulais pas, mais ça l'excitait tant…

— Je le croyais gestionnaire de votre fortune, en réalité, il est votre bouffon !

Avec un sourire extasié qu'il réfrène, Alexandre regarde sa femme qui ne sera jamais biblique, tandis qu'elle admire son visage racé pétillant d'intelligence. Avec le flegme des êtres revenus de loin, il ajoute :

— Bouffon peut-être, mais génial ! Je l'ai fait venir à New York il y a un mois pour autre chose ; quand il m'a exposé sa stratégie, j'ai dit non, mais son talent m'a scotché.

Remerciez-le, car sans cette histoire, il n'aurait jamais été question des deux millions de dollars, ni de l'idée de les déposer dans votre escarcelle.

– J'étais loin d'imaginer que je venais à Maurice « pour une poignée de dollars… »

– Ce n'est pas tout : je ne vous ai jamais autant aimée. Je deviens meilleur au moment même où je vous rends votre liberté !

– Dans ce cas, changeons de culture, de mœurs…

– Qu'entendez-vous par là ?

– Si l'on se réfère à certaines communautés du Bhoutan, du Népal, du Tibet, d'Afrique orientale ou des Îles Samoa, les femmes polyandres y sont comblées, même si le concept de base était d'assurer la survie…

– Nous n'en sommes pas là, mais de la survie psychologique, peut-être...

Il prend sa main avec l'élégance du prince qui sommeille en lui et y dépose un baiser. Remontée dans sa chambre, Gill est prise de l'envie d'envoyer un message à Luigi, mais se ravise. Le destin tourne, l'interdit, le sel de l'adultère perd en saveur ; les choses réclament de la hauteur et il n'est point question de se désunir d'un prince comme d'un valet. La noblesse d'Alexandre renverse ses préjugés, chavire son cœur, enflamme son esprit : elle est dans le registre de l'amour courtois qui nourrit d'abnégation toute passion. Dans un retournement de sa psyché, une rage l'empoigne, et ce qu'Alexandre a pu accorder aux femmes lors de ses années fauves la submerge, puis la terrasse. Sa réaction *a posteriori* est stupéfiante, incohérente et dévastatrice. Puis de longs sanglots l'ébranlent ; elle en accueille le flot impétueux qui lave son âme et met un terme au dégoût qui l'étreint dès qu'elle se sent vindicative, possessive et odieuse à elle-même. Aculée, elle s'endort.

Pamplemousse, 24 décembre

Avant de s'élancer vers Pamplemousse, Gill a besoin de cerner Joseph plus avant. L'homme zélé, fort apprécié d'Alexandre, tient toujours ses distances à son égard ; elle finit par s'en ouvrir à son mari :

— J'ai troublé votre relation avec Joseph quand vous m'avez épousée. J'ignore si c'est de la timidité ou une hostilité inconsciente à mon égard, mais une relation plus naturelle serait bénéfique à tous, ne croyez-vous pas ?

— Vous avez raison, je lui en toucherai deux mots, lui aussi a eu ses aléas de parcours. La sortie au Jardin botanique sera passionnante. Saviez-vous qu'il a fait des études scientifiques ?

— Pas du tout, que lui est-il arrivé ?

— Il a perdu son père à vingt ans, donc arrêt des études et boulot dans la restauration. Miracle, au service militaire il s'est découvert la vocation de soigner son prochain ! Il pratique l'aïkido, s'est formé en kinésithérapie et en ostéopathie. Son travail subtil et global sur mon corps me ressuscite chaque jour.

— Fantastique ! Il ne s'est jamais marié ?

— Non, et c'est un heureux homosexuel.

— Encore un !

— Que voulez-vous dire ?

— Juste que ce n'est pas le premier homme baraqué dont on n'imagine pas…

— Pour moi il est parfait. Disponible, habitant à demeure, bien payé, il semble avoir trouvé l'harmonie désirée. J'ai été un cas d'école formateur pour son avenir, et si nous devions nous quitter…

— Quelle idée ! Tenez, le voilà avec la Land Rover.

Deux heures passées dans la puissance odorante du végétal ne sont que jouvence. Joseph, guide avisé et naturaliste émérite, les enchante. Alexandre s'ouvre aux émanations de la nature, son émerveillement grandit de jour en jour, proche de l'extase parfois. Gill regrette de n'avoir pas su déceler la sensibilité de cet homme blessé qui a surmonté sa tragédie avec vaillance, et pas tout à fait seul grâce à Joseph. Imprégnée de l'énergie de l'arbre éléphant, elle la transmet à Alex en l'enlaçant. Puis elle vise une paillotte et l'installe dans un frais ombrage pour leur déjeuner. À l'écart, Joseph surveille le courrier électronique, met à jour les réponses, fignole l'ensemble et savoure son indépendance.

— Je te l'avais bien dit que notre Noël serait unique à Maurice ! s'exalte Alexandre.

— Quelle est cette soudaine familiarité ?

— Pardonnez-moi, le naturel revient au galop…

— Mais qu'il vienne ! Il n'a que trop tardé !

— Que vous êtes bonne avec moi… murmure-t-il.

— Demain, je prévois une visite à Port-Louis, mais le grouillement urbain n'est pas votre hobby favori…

— Oh là là ! J'en serai encore à baigner dans les parfums de ce jour…

Ils en sont au crabe farci quand Joseph déboule, portable en main :

— Monsieur, pardonnez-moi, un message digne d'intérêt, si monsieur veut bien vérifier…

— Vous faites bien, Joseph.

Après avoir consulté son écran, Alexandre explique à Gill que les frères Li sont pressés. Le prénommé Lang est dans la couture et ira bientôt à Milan visiter l'immeuble. L'autre, Tie, travaille chez Christie's et vient se détendre à Maurice…

— Quand compte-t-il arriver ? demande-t-elle.

— D'ici trois jours. Je veux vendre cet immeuble de cinq appartements sur six étages, plus le parking, pas moins de vingt millions, mais j'attends la nuit qui me portera conseil.

— Allons donc ! Ce soir, au réveillon, je parie que tous vos calculs seront pliés !

— Gill, dans ton œil, il y a une lumière toute nouvelle qui me fait chavirer…

— J'apprécie le tutoiement, pour le reste, ne crois-tu pas qu'il s'agit d'un phénomène de cause à effet ?

— Bien sûr, dans toute relation l'osmose est là, et je m'en suis défendu avec mes raideurs mentales qui vous renvoyaient des messages faussés…

— Idem pour moi, Alexandre, dit-elle humblement.

En peu de mots, tout s'aplanit et, comme dans un paysage soudain dégagé, Gill se fraye un chemin qui débouche sur une fresque du passé. À la clarté de l'hémisphère sud, ses sens s'aiguisent, sa mémoire prospecte l'obscur, son obsession du sexe, et brusquement des nuées se lèvent.

Juste après la mort de sa mère, elle avait douze ans, lui dix-huit. Frédéric, voisin charmeur, l'avait fait succomber à ses baisers dans la chaleur de ses bras qu'elle s'imaginait maternelle. Un soir d'automne, il l'avait prise debout, au pied d'un arbre. Pénétrée de sa virilité chaude et soyeuse, elle s'était crue vivante quelques secondes. Puis un liquide brûlant avait coulé le long de ses jambes ; terrorisée, elle s'était demandée d'où venait tout ce sang. Sans un mot, l'œil torve, Frédéric l'avait laissée à son désarroi, au bord d'un gouffre incommensurable. Le viol avait plusieurs visages, le sien fut une mort en douce.

Maintenant, une reconnaissance infinie envers Alexandre l'étreint. Elle a honte de l'avoir méjugé alors qu'il est ce coussin sécurisant entre le monde et elle. Sa présence a favorisé l'*insight* libérateur qui lui a permis d'extraire sa part enkystée dans un ghetto sexuel depuis ses douze ans. Douloureuse et perdue par la mort de sa mère, elle s'effondra d'horreur de s'être réfugiée dans les bras d'un ado prédateur. Est-ce pour cela que son chemin fut émaillé de bras cassés, de bras pressés, de bras fermés ? Tout passe, le temps des métamorphes se fraye un chemin caillouteux qui, une fois couvert de neige, s'illumine. Luigi l'avait prise dans ses bras, la harpe les avait emportés, puis elle avait ressuscité.

De Grand Baie à Port-Louis, 26 décembre

La journée de Noël ne fut que flâneries, baignades, dégustations, danses, lectures sur fond de musiques tropicales tour à tour lascives et trépidantes jusqu'à la nuit avancée. L'hédonisme s'instillait dans les démarches balancées, la gestuelle des danseurs proches de l'hypnose, jusqu'aux isolés vêtus de blanc en posture extatique, connectés à la lumière pour des guérisons spirituelles. Les lieux paradisiaques incitaient à faire tomber les peurs, les résistances névrotiques, à extraire les traumas enkystés et à réchauffer les cœurs congelés. Alexandre, lui, s'était débattu dans le monde rationnel en y adaptant son corps blessé. Son imaginaire et ses affects avaient nourri son inventivité qui l'avait hissé au sommet de la réussite. Gill fond de tendresse pour l'enfant qu'il fut, pour l'homme anéanti en plein vol, et pour celui qui arrive, poussé par Joseph, mais irradie de ses projets qui le délestent du plan terrestre. L'insouciance baigne le petit déjeuner.

— Gill, j'ai à peine dormi, j'ai dansé la biguine et le merengue toute la nuit ! Ma tête explose de ces sonorités obsédantes… Vous allez toujours à Port-Louis ?

— Dans dix minutes, et vous, quel programme ?

— Le spa bientôt, mais je suis plongé dans un John Grisham qui me tient en haleine…

— Grisham… *L'Affaire Pélican*, c'est lui ?

— Oui, en tant qu'avocat, il en a du matériel à traiter ! Moi, je n'ai rien dans ma boîte à outils ! Gill, faut-il nous séparer en plein firmament ?

Étonnée, elle rit et le rassure :

— Vous n'allez pas vous débarrasser de moi aussi vite, alors qu'un même art de vivre nous rapproche désormais…

— Par quel sortilège nos peurs se diluent-elles ?

— Cette île favorise les phénomènes de synchronicité ; si elle nous a fait évoluer d'un coup, elle a deux visages, une face et un revers…

— Quelle drôle d'idée, ma Gill !

— Votre Chinois ne m'inspire pas du tout.

— Vous croyez ? Passez une belle journée, Gill, et rejoignez-moi ce soir dans l'océan…

— À ce soir, mon grand romantique !

Elle roule dans la Land Rover décapotée, protégée par sa casquette en visière. Les vestiges de trois constructions coloniales l'oppressent, une pagode l'enchante, et la somptueuse mosquée blanche et bleue libère enfin sa réserve d'émerveillement. La marina néoclassique, mélange de la tradition locale et du style taïwanais, étincelle sous l'azur et l'apaise, malgré un fond d'angoisse qui resserre sa gorge. Au *Caudan Water front*, elle déjeune face aux yachts éclatants de blancheur. Si elle s'en offrait un, Luigi ferait un fameux capitaine, mais rien ne presse. Sur le chemin du retour, elle se remet des bruits et des miasmes du marché central ; une hâte la propulse vers son « terrible » mari, mais elle sourit à l'obsolescence des choses et des êtres. Une ombre se glisse en elle, une autre plane à en hurler ! Le rêve de Lugano sur la femme gisante lui revient... La route est longue, épuisante. Elle arrive en feu à l'instant où Alexandre débarque avec Joseph. Le soleil décline, l'eau se fait indigo, face à l'immensité, une grâce les unit. Sans un mot, chacun se livre à ses exercices ; essoufflés, ils reprennent haleine dans les ors du couchant et s'imprègnent de l'impalpable du monde. Au dîner, elle raconte sa virée et annonce qu'un couple fort sympathique lui a proposé une escapade à l'île aux Cerfs pour le lendemain.

— Profitez bien, d'ici peu nous irons avec Joseph.

— À quelle heure verrez-vous votre Chinois ?

— Nous avons rendez-vous ici à dix-sept heures.

— Il ne loge pas au Royal Palm ?

— Non, des amis l'hébergent, mais je t'attendrai pour le grand bain... L'océan relie notre petitesse à l'univers par d'invisibles connexions qui nous font gagner en une expansion telle que le corps se spiritualise...

— Je crois que notre vraie place est dans cet entre-deux : ancrés à la terre et enracinés au céleste, mais dans le savant dosage qui fait la grâce...

— Ton analyse me plaît, et ce qui est valable pour la verticalité, l'est pour l'horizontalité : aller de soi vers l'autre, s'ouvrir et se retirer à temps pour que s'infuse ce qui vient d'être joué. J'avoue que l'art du recul m'a manqué, alors que toi, flexible comme jamais...

— Avec un gourou aussi statique, je m'en sors assez bien ; en somme, tu es mon maître *a contrario* !

Un irrépressible fou rire d'Alex se transforme en une onde d'amour. À l'arsenal de son imaginaire, il a remisé ses armes issues de réflexes de survie qui n'ont plus cours.

— Je voudrais faire le point sur l'amour…

— Bonne idée ! Je t'écoute.

— On en fait tout un plat, en vérité c'est très simple. On devrait aimer sa moitié aussi tendrement que ses animaux de compagnie. Qu'en dis-tu ?

— Que du bien, mais c'est une sagesse qui ne vient que plus tard. Tu sais mieux que personne que chacun a un potentiel pulsionnel à vivre, à décharger… Hélas ! assez souvent n'importe comment.

— C'est vrai, et n'avoir qu'une cible où évacuer le surplus… cela explique le nombre incalculable de femmes tuées sous les coups de leurs maris…

— Même les artistes canalisés dans leur art ne sont pas à l'abri. Une discipline corporelle et philosophique est indispensable ; ainsi le préconisaient les Grecs anciens.

— Je pense à ce diable de Jacques Brel qui remplissait ses jours au point d'en tomber raide la nuit venue.

— Demain, je pars tôt, et contrairement à Brel je monte dormir *pianissimo* ; nous poursuivrons plus tard ce charmant badinage autour de Cupidon…

Elle dépose un baiser sur son front avant de s'éclipser dans une légère ruade. Amusé, il lui lance :

— Bonne nuit, et belle journée à l'île aux Cerfs, ma gazelle !

L'île aux Cerfs et retour, 27 décembre

De Trou d'Eau Douce, Gill et ses compagnons gagnent l'île aux cerfs en quelques minutes de bateau, ses eaux transparentes bordées de palmiers géants, ses loisirs nautiques et ses restaurants accueillants. Après une dégustation de langoustes et de poissons grillés, ils s'offrent une chevauchée en pirogue sur l'océan avant de pénétrer un éden luxuriant aux recoins faits pour naturalistes et poètes. Un lagon turquoise argenté, surnaturel, les aimante ; à sa tiédeur naît l'envie de retrouver Alexandre dans l'océan aux rayons déclinants. En serait-elle là sans sa rencontre avec Luigi, fortuitement précédée d'un messager du Bouddha ? Par eux, elle est devenue vivante, connectée à la nature, et s'est propulsée naturellement auprès d'Alexandre. Encore fallait-il qu'elle soit à la fois perméable et réactive aux sollicitations du destin qui offre, sans prévenir, des créneaux rares et essentiels.

Soudain, l'existence devient un train qui lui fait relativiser l'échec : rater une station peut anéantir une vie, mais aussi embarquer vers un inconnu subjuguant. Gill émerge du lagon, débordante d'un optimisme prêt à renverser les fatalités du monde. Tout n'est pas joué au berceau, chacun peut parachever sa croissance en séparant le bon grain de l'ivraie, ou en se frottant à quelque gourou inspiré qui invite à l'autel de la Connaissance. Avant de quitter l'île, ses compagnons lui offrent un verre à l'hôtel Touessrock. Somptueux, arboré avec un golf de dix-huit trous, c'est ici qu'elle viendra avec Luigi. À côté, à Blue Bay il se livrera à la plongée sous-marine, l'une de ses passions.

Il est dix-huit heures quand Gill regagne *Le Royal Palm*. Le retour sous une chaleur torride l'amène à se plonger directement dans l'océan. Alexandre, bientôt débarrassé de son Chinois, ne tardera pas à la rejoindre dans les flots. Dix-neuf heures sont passées. Sans Alexandre ni Joseph, la plage est vide, la terrasse du restaurant aussi. Elle monte à la chambre de Joseph, frappe, pas de réponse. Elle entre, inspecte et ne voit rien. Avançant vers la porte mitoyenne de la suite d'Alex, elle l'ouvre et reste foudroyée. Joseph gît sur le tapis du salon, la tête baignant dans son sang. Un cri d'horreur la torpille, déchire les langueurs de la cité. Hagarde, elle cherche Alex, une chaise renversée révèle l'action précipitée, le kidnapping, ou pire. Sitôt avertie, la réception de l'hôtel fait diligence, prévient la police et les urgences hospitalières pour Joseph. Dans les portables d'Alex, Gill glane des informations sur les frères Li et l'agent immobilier Gino Lombardi. L'avait-elle flairé ce Chinois peu catholique !

Comment Alexandre, rompu à déjouer maintes stratégies, a-t-il pu tomber dans un tel traquenard ? Il est vrai qu'il savait flirter avec les extrêmes pour finir dans un cocktail de suspicion et de candeur désarmante. À vingt et une heures, deux policiers de Port-Louis se présentent. Gill leur signale le statut de milliardaire de son mari ; séance tenante, ils contactent Interpol, très présent en hémisphère austral. La demande de rançon s'envisage, Gill passe une partie de la nuit dans la chambre d'Alex à envoyer des mails alertant du drame, en particulier aux banques de New York, de Floride, et de Lausanne.

Au milieu de l'horreur, un texto de Grant arrive tel un lac limpide en surimpression. Il a pris ses marques au monastère, l'enseignement est de bon niveau, la discipline rigoureuse et juste. Ses tâches localisées aux cuisines le font vivre dans la joie de nourrir les âmes. Sans tarder, elle lui narre le drame et conclut : « Grant, vous êtes devin : j'ai toujours des problèmes avec mon mari… »

L'instant la replonge au chalet qu'elle aime depuis peu : preuve que tout peut muter, reste le déclic à trouver. Elle mesure sa chance de l'avoir rencontré à point nommé, prête enfin à saisir la clé labyrinthique de l'existence. Au fait, il n'était pas que l'envoyé de Bouddha, George avait une sacrée part dans l'affaire ! Le bien, le mal, Dieu, le Diable, les fées et les sorciers se retrouvent souvent aux grands carrefours existentiels. Celui-ci était de taille. Entre les remous de la gratitude envers la vie et le poids des chagrins qui faisait figure de prix à payer, son âme se soulève. Des flots de larmes l'envahissent, elle y ajoute les « perles » d'Alexandre, et sa vie défile à vive allure. Une vie d'ignorance, de douleur, d'entêtement, étriquée par certains côtés, qu'elle allait s'appliquer à démonter. Au petit matin, elle s'effondre sur le lit d'Alexandre, et le grand sommeil de l'oubli l'emporte pour quelques heures.

Royal Palm, 28 décembre

Huit heures trente ; trépidante, une salsa la sort d'un sommeil d'outre-tombe. Du bras pesant tendu vers le portable d'Alex, sa main erre le temps de se replacer dans l'espace et le vécu de la veille. Un maelström d'images glauques défile, elle se ressaisit, attrape le téléphone et se met à l'écoute d'une voix inconnue :

– Madame et monsieur Delvaux ?

– Madame Delvaux. Qui êtes-vous ?

– Pardon, madame, ici le *Sofitel So Mauritius* à Bel Ombre, au sud de Maurice.

– Je vous écoute.

– Est-ce vous et votre mari qui avez passé la nuit dans une suite de notre hôtel ?

– Pas du tout. Je suis à Grand Baie, et mon mari y était jusqu'à hier après-midi. Comment avez-vous eu notre numéro ?

— Par votre banque de New York. Des achats considérables ont été effectués dans la soirée avec la carte Platine American Express de votre mari. Avec la même carte, deux hommes ont réglé leur suite chez nous, et sont partis tôt ce matin. Actuellement, deux agents d'Interpol inspectent nos registres. Le nom de Delvaux les a fait sursauter car il leur a été signalé hier soir l'enlèvement de votre mari. Je vous conseille de faire le nécessaire auprès de vos banques. Madame, nous compatissons et vous souhaitons tout le courage dont vous avez besoin…

Gill n'est pas en capacité de réaliser l'ampleur de la tragédie. Alexandre, à peine découvert dans le plus touchant et le meilleur de lui-même, lui est arraché. L'injustice et l'horreur sont insoutenables ! Les bandits l'auront forcément torturé pour lui extorquer son code bancaire, et quelle a dû être sa nuit ? Son corps réagit par une atroce douleur, elle se revoit torpillée d'angoisse au retour de Port-Louis. Plutôt que de s'abandonner aux forces ténébreuses, elle va mater ce cafouillage énergétique par le mouvement dansé des derviches tourneurs, et c'est une réussite. Elle se coiffe, descend à la réception s'informer de la presse : l'enlèvement d'Alexandre s'étale dans les gros titres de *L'Express,* du *Mauricien* et de *Matinal* : « Alexandre Delvaux, Suisse-Américain milliardaire a été enlevé dans l'après-midi du 27 décembre. Il séjournait au Royal Palm à Grand Baie avec son épouse. Selon elle, son mari avait rendez-vous à 17 h avec un Chinois nommé Li, acheteur dans l'immobilier. Son secrétaire-majordome a été grièvement blessé et transporté à l'hôpital de Port-Louis. C'est madame Delvaux qui l'a trouvé gisant vers 19 h à son retour de l'île aux Cerfs. Les ravisseurs ne se sont pas manifestés. » Etc.

Dans un ultime effort, elle écrit un mail à George, lui annonce la nouvelle du rapt, le questionne sur les frères Li et l'agent immobilier Gino Lombardi. Quant à sa comédie au chalet, elle lui précise qu'Alexandre lui a tout raconté avec beaucoup d'esprit. Puis arrive un texto de Luigi qui la réchauffe, néanmoins avec retenue ; elle s'inquiète et tremble pour leur avenir. Les grands faits divers touchant les riches ont un impact déroutant sur les foules. Ils ravivent les convoitises, les revanches avortées, les frustrations ravalées. Les bonheurs et les malheurs des gens célèbres ou riches exacerbent les démons de la jalousie et de la haine de ceux qui ne le sont pas. Mais il arrive que la compassion ou le chagrin soient réels : tout dépend du transfert et des projections qui animent la personne.

Midi approche, Gill se congèle et ne sent plus ses épaules. Un seul but la tient debout : atteindre l'endroit de prédilection d'Alexandre où il ressuscitait par la gym aquatique de Joseph. Ces petits bonheurs si rieurs ne seront plus…

Les flots vont peut-être absorber sa douleur, à condition de ne pas rester passive ; aussi part-elle se perdre en nageant loin. Sur le dos, elle crie au monde sa détresse et le calvaire d'Alexandre sous la torture, recommence, s'imagine l'horreur absolue, à fendre l'âme, ou à la perdre. Son corps dévie, pourquoi résister au cours des marées, de la lune et du temps ? Perdue, hors rivage, elle hurle pour retrouver le nord, se débat, perd haleine, tandis qu'un minuscule point noir avance. Est-ce un oiseau ? Un planchiste ? Elle compte sur un rebond intérieur. Accrochée à la présence du point noir, elle se diagnostique une crise d'angoisse. Sa vue s'éclaire, un bruit d'eau jaillissante l'alerte, le point noir prend forme à ses côtés en la personne d'un superbe métis, serveur à l'hôtel. Il la charge sur sa planche et lui demande de s'asseoir en tailleur ; un quart d'heure plus tard, ils amarrent. Gill repart titubante vers son transat, mais un vertige la terrasse, elle s'étend sur le sable, et sa mère apparaît souriante, puis vient le lumineux visage d'Alexandre. Sidérée sur l'instant, elle procède par association : la perte de l'un fait écho à l'autre ; elle prend conscience alors qu'Alex fut bien plus qu'un mari, mais une image parentale sécurisante qui l'a aimée dans la douleur silencieuse de sa virilité massacrée.

Elle digère sa découverte qui la fait plus solide, entre à nouveau dans l'immensité bleue, nage, communie avec les horizons, les beaux instants vécus sur l'île, et les grave à jamais. Une fois sortie de l'eau, elle vise sa paillotte, s'installe face au large. L'appétit lui revient, elle commande un crabe farci. À la pleine lumière, elle retrace le parcours d'Alex. Grand handicapé en quête de dépassement, il s'est hissé au-dessus d'une vie de reclus en transmutant son énergie sexuelle à la façon du tantrisme, aidé de Joseph.

Son regard s'accroche au lointain ; la sonnerie de son portable la fait sursauter : c'est la voix d'un homme jeune à l'accent suisse mâtiné d'allemand. Assuré de son identité, il lui demande de rassembler cinq cent mille dollars au plus vite dans un sac à dos qu'elle déposera dans une poubelle du grand bassin, face au front de mer du Caudan à Port-Louis. Elle devra impérativement effectuer seule l'opération et déposer le tout à trois heures du matin, après le passage des éboueurs, dans la nuit du 29 au 30 décembre.

— Comment voulez-vous que je rassemble une telle somme en si peu de temps ?

— Ici, les banques sont pleines et vous feront l'avance : la fortune de votre mari est une garantie !

— D'accord, mais donnez-leur le temps… puis-je parler à mon mari ?

— Il est sur une autre île, et ça suffit !

Tel un barbare, l'homme raccroche.

Royal Palm, 30 décembre

Deux heures du matin, la nuit est sans lune ; Gill porte la rançon sur son dos et descend les marches qui mènent au jardin tropical. Satisfaite d'avoir accompli les longues et délicates transactions auprès de la banque HSBC à Victoria, capitale des Seychelles, elle amorce la phase ultime qui sauvera son mari. Le chef de la police a mis en place une équipe de sécurité sur le lieu de la remise de rançon, mais elle a quelques doutes. Elle longe le jardin exotique à pas de louve, les eucalyptus la caressent, les caoutchoucs fantomatiques l'effraient. L'éclairage discret des pelouses la rassure, les essences aromatiques la grisent au passage. Elle se recentre sur sa mission, mais soudain s'imposent les forces ténébreuses qui l'ont assiégée à son retour de Port-Louis. L'avait-on épiée là-bas, au restaurant… ? Et son retour haletant jusqu'à sa plongée dans l'océan près d'Alex ! Encore dix mètres de balustrade à parcourir, elle aperçoit la Land Rover garée sous les faux poivriers aux grappes roses et frémit au piquant de leur parfum. Secondes palpitantes où la beauté et la dérision de la vie s'unissent et se suspendent, jusqu'à lui couper les jambes. Trois marches encore, elle bifurque vers sa droite ; de l'angle mort surgit un homme qui vide une bombe sur son visage. Il la ligote grossièrement, la bâillonne d'un large adhésif, lui arrache le sac qu'il charge sur son dos, lui assène un uppercut et court prestement vers la plage. Sept minutes plus tard, un Zodiac Polaris fend l'océan Indien à la vitesse de quarante-huit nœuds.

À sept heures du matin, Gill est retrouvée inanimée. À midi, à son hôtel, semi-léthargique et la nuque bloquée, elle est dans l'obligation de répondre aux questions du commissaire. Malgré son handicap, elle n'a pas l'intention de le laisser dériver en conjectures :

— Commissaire, vous pensiez que tout allait se dérouler gentiment au bord du bassin des yachts dans la nuit noire ?

— Madame Delvaux, cette nuit sans lune aurait dû nous alerter, mais nous manquions d'effectifs…

— Balivernes, Commissaire ! La qualité stratégique est de beaucoup supérieure à la quantité de pions !

— Je suis d'accord, mais encore une fois…

— Deux hommes sur le lieu du rendez-vous, deux autres aux abords de l'hôtel auraient suffi. De plus, vous semblez ignorer que les voleurs sont avant tout très mobiles ! Au fait, savez-vous quelle direction ils ont pris ?

Dans ses petits souliers, le Commissaire apprécie néanmoins l'esprit affûté de Gill et propose :

— Nous allons utiliser nos chiens policiers sur Maurice dans un premier temps. Pouvez-vous me donner des vêtements fraîchement portés par votre mari ?

— De ce pas, Commissaire, et je vais vous quitter pour un bain chaud avant l'arrivée de l'ostéopathe.

Après lui avoir tendu une chemise d'Alex, elle se dirige vers sa salle de bains afin de préparer son corps à la séance du médecin. Après avoir effectué un rééquilibrage du bassin, prescrit un antidouleur et le port d'une minerve, le médecin la quitte, rassurant et fait place à l'infirmière qui vient soigner son visage à demi brûlé.

De son côté, Joseph est sorti du coma avec des lenteurs neurologiques et le traumatisme de n'avoir pas su protéger monsieur Delvaux. La vélocité des barbares à s'introduire pendant la sieste, une heure avant le rendez-vous, présageait des manières expéditives, et Joseph reste persuadé que son cher patron a été exécuté. Gill lui répond que tout n'est pas joué, mais qu'en tout état de cause, elle s'engage à le garder le temps qu'il trouve à exercer sa passion. Joseph pousse un soupir si éloquent que Gill saisit tout le poids dont elle vient de le délivrer.

Royal Palm, 31 décembre

Dans son besoin de repères, elle se remémore le surprenant message d'Alexandre lorsqu'il l'avait appelée au chalet : « Venez me rejoindre à Grand Baie, ce sera un Noël unique. » Vouloir passer les fêtes sous les tropiques n'était pas le fruit d'un désir passager, mais celui d'un élan cherchant à fracasser le passé pour qu'y renaisse l'insouciance perdue de ses vingt-cinq ans, enrichie d'une sagesse à poursuivre. Il s'agissait d'insouciance réfléchie, fondée sur la bienveillance et le pardon à soi-même. Alexandre se livrait depuis quelques années à l'exercice intérieur qui mettait de la cohérence entre sa sensibilité de plus en plus épanouie et une conscience qui savait appréhender l'impondérable existentiel. À la lecture d'un de ses manuscrits, Gill s'éprend de son esprit, s'exalte telle une sainte envers Dieu. Elle y reconnaît l'influence taoïste de Joseph qui sut l'inspirer sur le tard, et regrette de n'avoir pas butiné l'essence du sociologue-philosophe Edgar Morin, car elle savait qu'Alexandre prenait souvent appui sur sa pensée et sa savante théorie des complexités. *A posteriori,* sa paresse intellectuelle l'afflige. Elle n'était donc qu'une somnambule faisant du sexe le marqueur *nec plus ultra* d'un couple, alors qu'il oblitère souvent toute la dimension d'une relation ! Que les névroses seraient douces sans fantasmes sexuels…

En ce samedi de Saint-Sylvestre, les presses locales et mondiales publient à la une : « Vendredi matin, 30 décembre, le corps d'un homme emballé dans un sac poubelle a été retrouvé sur la côte du Mozambique, plus exactement dans une cité lacustre du delta du Zambèze, par deux chercheurs entomologistes français. Le corps, encore non identifié, semble correspondre à la personne du milliardaire Alexandre Delvaux, enlevé dans l'après-midi du 27 décembre à l'hôtel *Le Royal Palm* de Grand Baie, Île Maurice. Il était venu passer les fêtes de fin d'année avec son épouse, madame Gill Delvaux, et son secrétaire-majordome qui fut grièvement blessé lors de l'enlèvement de son patron et dont le pronostic vital ne serait plus engagé. » Etc.

Envoyé par le médecin, un kiné-ostéopathe est venu dénouer les tensions qui criblent le corps de Gill. Tout a commencé dans la nuit par des crampes ; le mal semblait se résorber quand une chappe de plomb s'est abattue sur elle en fin de matinée. Son cœur est lourd, elle pense somatiser ses ratages avec son mari. Après avoir stimulé ses centres d'énergie, l'ostéopathe renforce le chakra du cœur, l'organe le plus sollicité tant il est relayé à la détresse des autres organes. Porteur d'une horrible nouvelle, le praticien en retarde la révélation et peaufine ses soins aux huiles de santal. Enfin il lâche l'épouvantable… Stoïque, Gill répond :

— Je savais que je ne le reverrais plus, mais j'étais loin de l'imaginer finir dans un sac à ordures. C'est immonde, indigne, je convoquerai tous les bouddhas pour l'élever au plus haut…

Après son départ, Gill explose en un torrent de larmes qu'elle sent amères, puis elle murmure mille gratitudes à Alex en lui promettant de donner forme à ses projets pour la planète. Non loin, un froissement de soie ailé la frôle avec fraîcheur, puis s'enfuit par la fenêtre en traversant le bosquet d'eucalyptus. Trois secondes après, une intense bouffée de leur essence envahit la chambre, c'est l'odeur d'Alexandre ! Atterrée, dans une fièvre quasi mystique, Gill se transfigure.

Port-Louis, 2 janvier 2012

La police du Mozambique ramena le corps d'Alex à la morgue du centre hospitalier de Port-Louis où Gill est conduite par un policier. Elle devine plus qu'elle ne reconnaît son mari tant son corps et son visage sont gorgés d'eau saumâtre. Seules les blessures au bas-ventre permettent de l'identifier formellement. Il s'avère qu'il avait été tué le soir même de l'enlèvement, avant d'être jeté dans l'océan. Le commissariat de Port-Louis apprend à Gill qu'Interpol a alerté la CIA, la police criminelle de France et le service d'espionnage russe FSB, aussi tentaculaire que fut le KGB. Les îles Mascareignes[1], plaque tournante de trafics criminels,

---

[1] Les Mascareignes sont un archipel de l'océan Indien formé de trois îles principales, La Réunion, l'île Maurice et Rodrigues, ainsi que plusieurs petites îles proches. Cet archipel est partagé entre deux pays : la France avec La Réunion, et Maurice avec le reste de l'archipel.

étaient par ailleurs bénies des chercheurs naturalistes qui, fréquentant la richesse de leur écosystème, devenaient malgré eux des témoins alerteurs de phénomènes suspects. Techniquement, les systèmes de communication ayant évolué, l'époque en avait changé les guerres : l'archipel subissait désormais le terrorisme pulvérisant, les nouveaux pirates des mers, les invisibles du web qui, sur simple clic ou simple tir, ordonnaient un assassinat. Alexandre, victime de l'accélération du monde – proportionnelle à sa déshumanisation –, avait été exécuté comme un gibier. Sans discussion. Terrifiant.

À demi-comateuse, Gill organise son rapatriement en Suisse, songe à vendre l'appartement new-yorkais et à négocier le rachat de la majorité des parts de sa multinationale par son associé Douglas. Si elle a hâte de se débarrasser du maudit immeuble de Milan, elle gardera le chalet d'Alexandre et y réchauffera son âme. Puis viendra la prise de possession de l'appartement d'Auteuil. Une fois sorti d'affaire, Joseph prend l'avion accompagné d'un personnel médical. À Carona, une infirmière dotée d'un talent de cuisinière – une « perle » dégottée par Luigi – lui dispense ses douceurs guérisseuses.

Pour Gill, restée à Maurice pour les besoins de l'enquête, tout s'organise pour le mieux ; seules des crises d'angoisses sporadiques l'anéantissent. Elle vaque dans un brouillard l'obligeant à faire des siestes. Dès qu'elle repose son corps, son cerveau s'éclaire et s'enchante et, avec nonchalance, elle reprend le cours des choses.

Seize heures, elle ouvre les yeux, l'intensité de l'azur entre par les fenêtres ; ressuscitée, elle se lève. Sous les palmiers, elle marche, frissonne à leurs caresses. La brise chargée d'herbes sauvages soulève sa capeline tressée de feuilles de cocotiers, relance sa flamme somnolente, puis les bouffées d'eucalyptus font renaître des champs de myosotis où elle peut se noyer. Après une marche contemplative, Gill rentre à l'hôtel alourdie de tristesse, celle de n'avoir pas été au bout de son amour, de sa face inconnue, en pleine mutation depuis qu'il s'éloignait des affaires pour écrire, ressentir, vibrer, probablement aimer autrement. Avec un tel personnage, l'amour demandait du temps, celui de se former aux pas du menuet, à son tempo fait de grâce et de noblesse, sous-tendu d'un détricotage des composantes qui l'avaient raidi. Comme pour tous, il s'agit d'un parcours en amont à plusieurs étapes, puis du retour vers l'aval en une voluptueuse descente qui devient profonde ivresse. Tout est clair, logique, accessible. Pourquoi n'avoir pas appréhendé plus tôt le processus ? Pour qu'émerge l'amour, il lui faut l'humilité de s'affranchir d'inepties ancestrales, et la vigilance de renoncer à l'inconsistance de ses soi-disant mystères… Un jour, un soir, on sait qu'il est là, à la simplicité qu'il a à balayer toute aspérité, toute broutille, tout chagrin.

Royal Palm, 3 janvier

Elle reçoit la visite du commissaire au regard velouté qui n'est pas sans lui rappeler celui de Luigi. Il la scrute avant de parler, et si elle n'y voit plus la suspicion des derniers jours, que cherche-t-il encore ? Sans être radieuse, sa verve lui revient :

— Mais on ne se quitte plus, Commissaire ! Savez-vous que je pars demain ?

— Hélas ! Madame, malgré les circonstances, c'est un plaisir de voir que vous vous relevez assez bien du drame, mais j'ai un nouveau problème.

— Ne me dites pas que je ne pars plus !

— Loin de moi... Connaissez-vous un certain Viktor Delvaux ?

— Mon mari a eu un fils d'un premier mariage, mais dont j'ignore le prénom.

— Madame Delvaux, nous avons fait les recherches : Viktor Delvaux est né à Zurich en mars 1976 d'Alexandre Delvaux et de Martha Juvet. Domicilié à Berlin, il est détective de profession, mais travaillait pour des réseaux mafieux russes et chinois et souffrait d'un sérieux contentieux avec son père…

— Où voulez-vous en venir, Commissaire ?

— Hier, il a été retrouvé mort dans le sud de l'île de la Réunion : abattu dans les hautes herbes d'un sentier au lieu-dit « Sous les Bois noirs ». Nous l'avons identifié par son portable, et pensons qu'il est votre agresseur…

— Et mon mari aurait été tué par son propre fils ?

— Pas directement, selon votre majordome, ce sont bien deux acheteurs asiatiques qui se sont infiltrés dans la suite de monsieur Delvaux durant sa sieste.

— Il s'agissait plus de bandits assoiffés d'argent que d'acheteurs…

— La cupidité est partout, mais dans notre affaire s'ajoute la vengeance du fils envers le père. Il est possible que Viktor ait fait allégeance auprès d'un caïd, un substitut de père, et qu'un amour filial en soit né. Hélas ! En territoire pirate, les affects ont peu de place, et dès le butin récolté, les candides sont trucidés. Seuls les durs rejoignent la Russie, les îles Moustique, Grenadines, et autres paradis du grand banditisme…

— Avec mes cinq cent mille dollars ! Grand bien leur fasse. Comment avez-vous fait cette déduction ?

— Les deux entomologistes français qui ont trouvé le corps de votre mari et qui travaillent aux abords de l'aéroport ont assisté au décollage d'un jet privé le 30 décembre vers huit heures. Tout concorde : vous êtes agressée vers deux heures du matin. Votre agresseur embarque illico sur un hors-bord *high tech* et met trois heures pour rejoindre le sud de la Réunion où il se fait tuer. Magot en mains, les truands font le trajet inverse en trois heures, accostent sur la côte du

Mozambique et embarquent dans le *jet* d'un ténor russe vers huit heures : le compte est bon.

— Mais pourquoi aller à l'est, à la Réunion, pour revenir vers l'ouest, prendre un avion au Mozambique ?

— Pure stratégie. Aveuglé par ses affects, le fils Delvaux a joué au héros sans souci du reste ; et puis la Réunion n'aurait jamais accepté la présence d'un *jet* russe sans s'informer… au Mozambique on est laxiste, les requins font peur et achètent le silence.

— Astucieux. Le demandeur de rançon à l'accent suisse-allemand était donc probablement Viktor…

— Les traces d'ADN de Viktor Delvaux sont sur le hors-bord abandonné à l'aéroport du Mozambique, alors que son corps gisait à la Réunion… Vous saisissez ?

— Tout va trop vite, répond Gill, dépassée.

— Voulez-vous l'embarquer avec son père ?

Elle éclate de rire, retrouve sa superbe :

— Excellente idée, Commissaire ! C'est bien le seul endroit où ils pourront discuter en paix, s'accepter peut-être, se pardonner pourquoi pas ? Je pars demain, mon mari sera rapatrié après-demain. Voyez si ça peut coller et dites-moi combien ça coûte.

— Vous êtes unique. À bientôt, madame Delvaux…

— Vous n'y pensez pas, Commissaire ! Adieu !

Un ressort l'ayant soudain activée, Gill quitte le commissariat pour se diriger vers la plage. Elle retire sa minerve, accroche l'horizon du regard et va se jeter dans les flots de l'oubli. Puis, ruisselante, essoufflée, elle rejoint la paillote devenue un petit nid chaudement amical. Là, le réel refait surface : elle songe aux illusionnés de l'argent qui s'imaginent que voler et tuer assure bonheur, liberté et paix. Alors que l'argent brûle les mains des uns, dévore l'âme des autres, inflige les grands écarts de la servitude et du pouvoir, bref, harcèle jour et nuit. Avant leur mariage, Alexandre avait commencé d'opérer un détachement intérieur de l'argent. Depuis, il peaufinait son combat, en secret, en se rapprochant des environnements naturels. Tout avait commencé par la création de son jardin japonais sur sa vaste terrasse new-yorkaise, « par bienveillance envers lui-même, disait-il, et envers la planète. » Il voulait participer à de grands projets pour sa résurrection et celle des hommes. Sous le firmament, elle réentend le cristal de ses rires lors des ébats aquatiques avec Joseph. Elle les revoit comme deux oiseaux qui s'étaient rencontrés pour se réchauffer et se réparer mutuellement dans la joie et à la sagesse de l'impermanence. Pour Alex, il s'agissait de sa condition d'homme blessé qui peaufine la légèreté d'être pour en faire le sésame de l'avenir. Hélas ! La fatalité avait frappé une ultime fois, au moment où il s'ouvrait comme une large baie sur un jardin renaissant.

À cet amour à contretemps, elle sourit tristement, et une anecdote lui revient : Alex, du signe du Capricorne, s'était procuré le livre d'une célèbre astrologue consacré au signe. Elle relatait mille choses, dont l'une des plus savoureuses : « Le Capricorne, souvent vieux quand il est jeune, devient jeune avec le temps. » Il avait reçu le message en plein cœur, tel un petit électrochoc qui l'avait décrispé et, comme face à un défi facétieux, il avait senti fondre ses armures dans un long goutte-à-goutte, qui avait duré dix ans… Quand il avait conté son expérience à Gill, elle s'était exclamée, hilare : « Alexandre, vous êtes un alchimiste fascinant ! »

Carona, 7 janvier

Au chalet, un quadrille se met en place. L'infirmière est une dame de compagnie zélée doublée d'une cuisinière qui fait la joie de tous. Joseph, installé dans une chambre avec vue sur le parc et la montagne, amorce lentement le deuil d'Alexandre et des années exaltantes passées auprès de lui. C'était une sinécure que de servir et vivre avec un être aussi éveillé, généreux et stimulant. Ici, pris en charge par cette admirable femme, sa convalescence est celle d'un élu des dieux où le temps de l'empathie lui est totalement offert, où sa méfiance ancestrale envers les femmes se dilue. Il fallait donc cette tragédie pour qu'il apprécie enfin la volupté du beau, du pur, de la grâce guérisseuse, quelle qu'en soit la source.

En ce samedi soir, Gill rentre de Lugano en direction du chalet, légère, fraîchement sortie des bras de Luigi. Si ses douleurs l'ont empêchée de jouer au tennis, sa minerve a laissé toute latitude à leurs corps de s'enflammer pour se déverser l'un en l'autre. Luigi, vaillant chevalier à sa façon, ne s'est pas laissé atteindre par l'opacité des relents qui baignent le destin des gens fortunés, ni par la fortune explosive de Gill. Si elle le redoutait, c'est qu'elle ignorait combien Luigi était un sage.

À l'écoute des desiderata de Joseph qui souhaite tourner la page des États-Unis, Gill cogite sur son devenir, tout en respectant les séquelles de son état, son deuil, et la nostalgie d'un modèle de patron qu'il ne retrouvera plus. À sa question de savoir s'il aimerait exercer l'aïkido de manière professionnelle, un large sourire lui suffit pour réponse. Une formation au professorat s'imposera, qu'elle soutiendra ; s'ensuivra l'acquisition d'un dojo à Genève, ville natale de Joseph. Il gardera à jamais l'éblouissante idée de Gill, incarnation du rêve de ses vingt ans, comme relevant de la magie.

Une fois posées les bases d'un avenir mieux circonscrit, Gill cesse d'être torpillée d'angoisses, et trace son programme de fin d'hiver : le rachat des parts de la multinationale par Douglas étant son principal souci, dès que celui-ci accepte, elle entame rondement ses futures transactions immobilières. En février, elle compte se rendre à New York accompagnée de Luigi, puis ils fileront s'aimer sous les catalpas de sa demeure en Floride.

Carona, 10 janvier

Les obsèques d'Alexandre Delvaux et de son fils Viktor se déroulent dans le charme pittoresque de Carona. Une centaine de personnes est venue les honorer, recueillies et intriguées par le spectacle des deux cercueils. En un petit discours, Gill retrace le parcours de ces deux destins contrariés, qu'un repos éternel vient unir. S'ensuit un murmure vibrant de romanesque, de profane et de spiritualité, comme un assentiment venu recouvrir les dernières aspérités. À l'unisson, les regards se portent sur les roses pourpres amoncelées sur les cercueils, et la magie des vitraux parsème de scintillements le velours des pétales qui exhalent leur délicat parfum. Un baume pour les deux âmes déjà détachées du plan terrestre, et pour celles qui s'élèvent dès que l'émanation de la poésie, du beau et du sublime s'exprime.

Du haut de la nef, les orgues éclatent dans le tonnerre triomphal du baroque. Une fugue de Bach se met à galoper et la voix de baryton de l'organiste s'y fond, exaltante et poignante, jusqu'à la sortie. Majestueuse, la cérémonie s'achève sous l'azur, telle une fin d'opéra. Dans l'auberge voisine, Gill a prévu un lunch qui devient une parenthèse inattendue d'échanges et de bonne humeur, une bénédiction pour chacun. Martha Juvet, la première épouse d'Alexandre, plaît beaucoup à Gill. Elle respire la bienveillance, et la tentative d'homicide sur Alex, son coma, son handicap et son départ pour les USA étaient de l'histoire ancienne. Veuve d'un second mariage dont elle eut deux fils sans problèmes, elle précisa que Viktor, malgré de bonnes études d'avocat, avait la fascination des mondes interlopes, d'où son métier de détective opérant dans l'espionnage. Charpentée comme une montagnarde, blonde au regard bleu glacier, Martha s'était forgée à la rusticité fleurie des montagnes suisses.

Le lendemain, elles se retrouvent au cimetière pour le dépôt des urnes remplies des cendres des sieurs Delvaux, père et fils. De retour à sa voiture, Gill fait défiler en pensées les instantanés de vie à Maurice, puis s'endort sur le volant. Trente minutes plus tard, un courant frais ailé la réveille, identique à la sensation qui l'avait frôlée sur l'île. Elle démarre et part vers le chalet avec l'impression d'aller à la rencontre d'Alex.

DEUXIÈME PARTIE

Côte de Jade, 12 février 2012

Les promeneurs et les pêcheurs de crevettes qui s'aventurent sur les rochers de la plage se ravissent des envolées lyriques s'échappant des fenêtres d'Eugénie. La musique fut sa grâce, le miracle qui traça sa vie jusqu'à son veuvage. Et avoir préservé sa passion contre vents et marée fut sa plus belle victoire. Sa petite-fille Olivia, psychanalyste à Paris, voyait en son aïeule octogénaire un exemple d'émancipation accomplie dans l'extase de la clandestinité. Les orientations de sa vie furent un enchaînement d'évidences fondées sur le bon sens et la profondeur de ses ressentis. Elle n'était pas qu'une créature délicate pianotant entre les lambris de son salon, elle mettait les mains dans la glaise et cultivait un jardin sous une serre immense où poussaient des trésors de nutriments.

Quand Olivia séjourne chez sa grand-mère, elle y prend des bains de mémoire musicale par les doigts agiles d'Hortense qui exhument le génie de Beethoven, Chopin, Mozart, Schubert, et de l'inabordable Liszt. Par brassées renaît le sensualisme de ces époques fastueuses, désinvoltes, douloureuses aussi. Car la douleur d'être et de devenir, corollaire du bonheur, est le terreau qu'utilise Olivia dans sa profession. C'est sa pâte à modeler, son fil rouge, sa toile de fond, sa rampe de lancement, et le réservoir d'étincelles de résilience. Ici, aux embruns de l'océan, à la lumière des golfes clairs comme aux feux des couchants, elle vole vers d'autres rivages. L'un de ses clients de passage absorbe son esprit. Rencontré une seule fois, il reviendra fin février, mais lui a laissé un étrange parfum d'aventure… Elle se replonge dans le froid qui casse sa vision ordinaire, s'exerce à regarder à travers le givre, alors que l'océan dément secoue les mémoires chargées de sortilèges ou de forfaitures. Grandiose, exaspérant, il diffuse ses humeurs sauvages qui incitent à la communion extatique, jusqu'à la transe. De hautes vagues s'abattent contre les rochers, leurs crêtes mousseuses accrochées aux branches des tamaris se métamorphosent en stalactites. Sous l'azur glacé, la puissance d'une nature antique réveille les vies de bacchanales qui hantent ses rêves.

Sous la houlette d'Eugénie, elle tente le défilé des photos de famille, fouille les visages identifiés par sa grand-mère, capte un malaise par-ci, une lumière par-là. L'aventure pleine de remous résonne en elle comme l'épreuve du transgénérationnel. L'une de ses arrière grand-tantes prénommée Olive, la fascine. Sa vie fut frivole, *Cartier* et *Au Bonheur des dames* pourvoyaient aux ors et aux pierres précieuses dont elle étincelait à la cour impériale. Flatteuse volupté pour son mari qui en voyait son prestige rehaussé. Pourquoi lui avoir donné ce prénom ? N'était-ce pas assez qu'elle soit née à la date de sa mort ? Olivia s'était penchée sur les origines d'Olive. Sous l'empereur romain Hadrien, en l'an 138, une sainte martyre nommée Olive avait été mise à mort pour sa foi. Les Olive et Olivia qui suivirent auraient pratiqué une forme d'exorcisme en entretenant une philosophie de l'extraordinaire, de l'éblouissement et de l'hédonisme.

Depuis décembre où les enluminures des rues la saisirent, Olivia ne peut nier son lien à cette aïeule. Imprévisible, le « retour du refoulé » avait déclenché en elle une impérieuse pulsion d'achat. La peur de l'addiction l'orienta vers une investigation généalogique, au moment même où Gérald lui annonça son envie de divorcer, sept jours avant Noël. Désorientée, elle avait décidé d'aller ouvrir ses vannes près de sa grand-mère, là où le sauvage allait forcer les barrages, dévaler en elle, et abattre la sédentarité des névroses. Elle se revoit entrer au *Bon Marché,* corps tendu de peurs et de fascination mêlées, éclaboussée de lumières, cernée d'arômes de musc et d'agrumes, et succombant aux attraits étudiés pour étourdir les esprits en mal de sublimité. Que de victimes de la démocratisation du luxe mises à terre en une seconde ! Loin des pièges de la consommation, elle savoure sa zénitude. Un peu de lecture, puis elle passera à l'écriture d'un scénario. Ses enfants sont heureux à la montagne. Son félin tigré et sa petite panthère noire se relaient pour lui frôler les jambes, Hortense joue la *Pavane à une infante défunte,* l'heure du dîner approche. Le couchant décline, des bateaux tanguent sur les flots aux éclats d'airain, les dernières mouettes crient, piquent une tête et repartent, bec cousu par une proie. Aux derniers feux sur l'horizon, plane le mystère de son avenir sans Gérald ; mais la vie de Lou Andréas-Salomé[2] va la guider dans l'autonomie de sa conscience. Lou savait si bien trancher dans le fatras des nostalgies sans jamais lâcher sa détermination intellectuelle.

---

[2] Née en 1861 à Saint-Pétersbourg et morte en 1937 à Göttingen, Louise von Salomé dite Lou Andréas-Salomé est une femme de lettres germano-russe et l'une des premières femmes psychanalystes.

Côte de Jade, 17 février

Le portrait d'Olive trône dans le salon depuis qu'Eugénie est allée l'extraire d'une malle. L'œuvre de Corot de 1860 subjugue Olivia qui se laisse pénétrer par la madone brune au regard d'ambre, aussi espiègle que profond. Pianiste douée, sa frivolité la détourna de l'exigence de toute discipline. Son complaisant époux, antiquaire auprès de Napoléon III, sut entretenir les caprices de son épouse, mais à la cinquantaine, la fièvre de l'écriture la frappa. Elle délaissa ses miroirs vénitiens pour celui de sa psyché ; ainsi en témoigne l'un de ses cahiers du moment le plus authentique de sa vie. Dans une malle entreposée au grenier, Olivia est tombée sur deux de ses cahiers rouges où Olive étale son impudeur dans le souci d'éradiquer le virus qui la ronge : l'hypocrisie. Le langage de son corps y est relaté avec précision : « Mentir m'est un jeu à ne pas me trahir, mais les mensonges du corps me sont difficiles. Mimer le désir, le plaisir, la fatigue bienheureuse, faire croire à la plénitude de la jouissance me sont des plaisirs amers. Au début, à force d'imagination, je finissais par me croire dans les bras d'Armand, alors mon corps se pliait aux exigences de Louis. Miracle que de croire que c'était mon amant qui me pénétrait de sa force amoureuse, de son mystère d'homme jusqu'à l'extase. Mais ce n'était que Louis enfermé dans son assurance mâle de mari — si dupe et heureux de l'être… » L'audacieuse tante, passant du primesaut à la gravité quand son cœur est touché, la bouleverse. Elle eut deux enfants à ses vingt-cinq et trente ans. Un garçon et une fille qu'elle aima et éleva dans l'amour du beau, des choses et des idées. Olivia a aussi deux enfants, garçon et fille, de mêmes tranches d'âge. C'est assez vertigineux.

Lors d'un dîner à l'automne, Olivia avait rencontré le cinéaste italien Dino Scotti qui avait évoqué son projet de film retraçant la vie de Louise von Salomé. Bien qu'Allemande par son père, elle se sentait profondément Russe, aussi titrerait-il son film *Femme de l'Oural*. Lou Andreas, avant-gardiste sulfureuse du féminisme, fut une femme de lettres brillante et la muse de grands esprits de la Belle Époque. Dino lui avait demandé :

— En tant que psychanalyste, auriez-vous le talent d'écrire le scénario de la vie de cette femme hors du commun, et première femme psychanalyste ?

— Je n'ai rien scénarisé jusqu'ici, mais je peux essayer et vous soumettre une quinzaine de pages.

Dino avait apprécié sa concision, et le marché fut conclu.

Heureuse du souffle venu de l'Oural secouant sa vie, Olivia est à l'endroit rêvé pour se mettre dans les pas de l'ébouriffante Lou. Elle agence les séquences, crée les dialogues, affine son style dans le vertige du surnaturel. Les horizons donnent des ailes à son âme et des frissons à son corps. Le soir, sa tâche accomplie, elle attend l'instant où le couchant déverse son incandescence dans la véranda. Féerie silencieuse qui suspend toute vie quelques secondes, y compris celle de ses amours de chats. Encore quatre jours d'écriture dans une volupté inédite, tandis que l'étrange ressemblance de Lou et d'Olive la trouble : bouche pulpeuse, nez assez fort, chevelure abondante, brune chez Olive, blonde chez Lou, et regard identique aux interrogations profondes. Un mail de Dino lui annonce le tournage des intérieurs du film à Cinecittà et souhaite sa présence durant deux semaines sur les lieux où Lou Andréas et René Maria Rilke se révélèrent l'un à l'autre. Si elle peut arriver à s'organiser pour passer quelques jours à Rome, il lui sera impossible de suivre l'aventure jusqu'à Saint-Pétersbourg pour les extérieurs. Les enfants ont besoin de sa présence, Gérald vivant désormais sur une autre planète. Un doute la traverse : comment marcher dans les pas de la bohémienne flamboyante qui fut de toutes les révolutions culturelles du XXe siècle ? La différence entre elle et Lou la gêne. Cette dernière avait tant donné priorité à la vie de son esprit acéré, en participant notamment à la création des concepts de Freud, tout en rejetant certains de ses points de vue. De même, son intense correspondance avec Nietzsche, qu'elle rencontra à vingt et un ans, étonne par sa maturité intellectuelle.

Friedrich Nietzsche l'initia à sa philosophie et brûla d'amour pour cette femme-enfant qui se refusa à lui, tout en l'aimant comme un frère. Nonobstant, leurs échanges nourrirent longtemps l'œuvre de Nietzsche qui écrivit *Ainsi parlait Zarathoustra.* Il fut le maître-décodeur de la psyché humaine, et l'étincelle qui l'orienta vers la psychanalyse, avec un précepte à la clé : « Tous nos motifs conscients sont des phénomènes de surface. L'être humain est composé d'une pluralité de forces quasi personnifiées dont tantôt l'une, tantôt l'autre se situe à l'avant-scène et prend l'aspect du moi. » Lou croyait en l'épanouissement de l'esprit qui passe par le refus du corps ; en cela, Friedrich Carl Andreas fut l'époux idéal : admiratif, respectueux de sa liberté et non biblique. Mais à trente-six ans, sa rencontre avec René Maria Rilke renversa ses sens et ses théories. Il avait vingt-deux ans et l'appelait « mon buisson ardent » ; elle le surnomma Rainer. Muse amoureuse, puis amie jusqu'à sa mort, elle le guidera sur le chemin de l'écriture dépouillée. Mère et inspiratrice attentive durant trente ans, elle lui écrivit : « J'ai été ta femme pendant des années parce que tu fus la première réalité où l'homme et le corps sont indiscernables l'un de l'autre. » L'œuvre de Lou est riche et méconnue, l'époque nazie oblige… Olivia pense à un dictionnaire amoureux de la psychanalyse, avec Lou en place centrale. Elle avait tant aimé la première biographie de 1951 : *Ma sœur, mon épouse* de Heinz Frederick Peters, témoignage inspiré de sa vie exaltante.

Côte de Jade, 26 février

La fin du séjour approche, et Carl Delvaux revient au cœur de ses pensées. Il l'avait consultée au sujet d'une culpabilité récurrente à l'égard d'une amie qu'il n'avait pu assister à sa mort, étant en Asie pour ses affaires. L'amie décédée ne voulait dépendre que de lui, ce qui le mit dans la posture de celui qui a *failli*. Le tourment est tel qu'il lui fait l'effet d'une tumeur dans la gorge. Dès son entrée dans son cabinet, elle avait chaviré sous son regard d'expert soupesant l'insolite, la beauté rare. Il l'avait percée dans son tréfonds pour y faire naître une soif inextinguible. Baroudeur flegmatique et distingué, Carl transpirait les saveurs du bout du monde qui faisaient dériver, mais elle avait su redresser la barre.

Ces instantanés affluent maintenant tel un doux sortilège ; Gérald n'étant plus là, l'inconnu devient son avenir. En ce dimanche resplendissant, elle sait que Delvaux n'est là que pour cristalliser, et lui rappeler, sa soif d'autre chose. L'envie d'aller se jeter à l'étourdie dans les bras d'un autre homme la galvanise. Les minutes s'égrènent, perles précieuses d'instants rares, dont elle a manqué au cours de sa vie. Voilà une différence avec Lou qui a vécu l'ascèse du corps sans dommage pour son esprit. Elle songe aux dimanches de son enfance, de ses études, de sa vie de famille : tous pleins à craquer. Bourrer sa vie n'est que le reflet de peurs qui mènent à la ruée des comblements ! Elle s'interroge sur ces craintes, les salutaires et celles qui éparpillent aux quatre vents. Son travail d'écriture achevé, elle est libre et rêve d'atmosphère feutrée qui absorbe les soucis avec élégance. Un thé dansant au casino de Pornic sera la distraction la plus adaptée à sa nonchalance. Elle jouera un peu d'argent, prendra un thé, s'attardera dans le climat délicieusement rétro des lieux, et il se peut même qu'un homme vienne la faire danser...

Côte de Lumière, 18 mars

Robert Belmonte, patron dur à la tâche, vire ses employés à la moindre bévue. Dans sa vie privée, on l'imagine paternaliste ou abominable tyran. Les deux sont probables. Installé sur la Côte de Lumière vendéenne depuis quatre ans, après avoir vendu son agence publicitaire des Champs-Élysées à un émir, il semble mener une vie calme, loin des gros brassages d'affaires. Aux Sables-d'Olonne, son agence la PubliOcéane se dit modeste et convient à ses soixante-cinq ans. Un an plus tôt, Belmonte s'est mis en quête d'un adjoint jeune et inventif et l'a trouvé en la personne de David Morin. Ce dernier connaissait Belmonte de réputation et savait qu'il rétribuait honnêtement ses collaborateurs, mais aussi qu'il était impitoyable. Quand David pénétra le vaste bureau ouvert sur une mer d'huile survolée de mouettes, il fut saisi par deux choses. L'espace lumineux, et la force non maîtrisée de Belmonte. C'était un gaillard d'un mètre quatre-vingt-dix qui lui broya la main pour le saluer. Peu sexy, plutôt ventru, son regard lançait des éclairs d'acier qui le firent frissonner, mais il passa outre.

– C'est donc vous, David Morin ?

– Aucun doute, monsieur, je suis David Morin.

Belmonte ouvrit une chemise verte, bourra sa pipe et, en homme important qui joue avec le temps et les hommes, il arpenta son bureau sans un mot. S'arrêtant net, il regarda les voiliers en partance, les tourbillons d'oiseaux, tira fortement sur sa pipe, et évoqua Georges Simenon en désignant le remblai du menton :

– C'est ici qu'il venait humer l'air marin, tirer sur sa pipe et trouver l'inspiration… Quelle écriture !

Puis, pointant du regard la chemise verte, il l'interrogea :

– C'est vous qui avez réalisé tout ça ? C'est pas mal. J'ai besoin d'un collaborateur comme vous. Combien gagnez-vous ?

David hésita, se fit violence et répondit du tac au tac. Belmonte renchérit :

– Vous valez plus. Et vous n'avez pas cherché ailleurs ? Vous êtes maso, Morin ?

David pouffa à demi et précisa qu'un excès de travail en était la cause. Belmonte le dévisagea et lança :

– Je vous offre mille euros de plus par mois ; par la suite, nous verrons. Pourriez-vous commencer lundi ?

À l'issue de l'entretien, David acquit une petite villa entre pinèdes et océan à Brem-sur-Mer. Son père décédé lui avait légué un petit pécule qu'il allait utiliser pour la bonne cause. Arrivé peu de temps avant la tempête Xynthia, il faillit s'installer à La Faute-sur-Mer, mais se ravisa pour se rapprocher des Sables – bien lui en prit. Depuis, il cultive un certain art de vivre, s'adonne au golf, au surf, à la lecture. L'hiver, il fréquente les casinos de La Rochelle, Châtelaillon ou Pornic. Il y joue un peu d'argent et, à l'heure du thé-dansant, s'élance sur des airs rétro alternés de disco. Orphelin de mère — morte en couches d'un petit frère qui ne survécut pas non plus —, il fut élevé par son père à partir de ses neuf ans. Ce dernier n'avait que peu de temps à accorder à son petit garçon, mais il lui donna l'amour du dessin, et David s'orienta vers le graphisme et la publicité.

Dans sa villa baptisée *À l'Ombre des Dunes,* il se grise des senteurs de pins en sous-bois qui ceinturent à moitié sa villa, et sur les plages il voyage avec l'horizon et la lecture. Actuellement sont à l'honneur Freud, Jung et quelques disciples. D'un livre à l'autre, il pénètre les arcanes de l'inconscient, les imbrications humaines insoupçonnées, vertigineuses. Exalté, il se doute bien que sur le terrain, la pratique est coriace tant les résistances sont des armures à fendre, parfois des forteresses à abattre.

Sa rencontre de février au casino de Pornic le poursuit. La femme était étourdissante d'esprit, de culture, et sirotait un thé au gingembre quand il l'avait abordée. Les violons et les bandonéons firent le reste en entamant l'ineffable *Cumparsita* qui épinglait les cœurs et magnifiait les rencontres. Toute palpitante à la vue du jeune homme aussi fringant que Delon dans *Le Guépard,* les jambes en coton, elle avait accepté. En piste, elle le vit ravi de la tenir dans ses bras et d'accorder ses pas aussi bellement aux siens. Lui sentit qu'elle avait la densité d'une vraie femme. Au dîner, il lui avait confié son goût récent pour les livres de vulgarisation en psychologie des profondeurs. Il fut alors sidéré d'apprendre qu'il était tombé sur une psy, de surcroît engagée dans l'écriture d'un film sur la vie de Lou Andréas-Salomé, la première femme psychanalyste !

Le parfum inédit des heures passées auprès de cette femme splendide, à l'écoute empathique, mérite une pause. S'il est resté dans le vertige de la note de tête, il lui paraît prématuré de connaître la note de fond. Il la sait absorbée par son métier et le tournage de *Femme de l'Oural*. La sagesse serait d'attendre avant de la contacter, d'ailleurs il n'est pas tout à fait prêt. Sera-t-il à la hauteur d'Olivia ?

Les Sables-d'Olonne, 26 mars

Les lumières printanières enchantent les esprits et le travail à la PubliOcéane se déroule dans un climat de légèreté. Patricia, la secrétaire du patron, Pierre le dessinateur et David parachèvent une campagne publicitaire pour un sérum de beauté quand le téléphone sonne. Patricia accourt et revient la mine déconfite :

— Le boss s'est cassé une jambe au ski et vient d'être rapatrié ! S'adressant à David, elle ajoute : M. Belmonte veut vous voir dès demain matin.

— Dans quelle clinique est-il ?

— Il est plâtré et vous attend chez lui.

— Mais où est-ce ?

— Vers chez vous, je vous fais un plan, sa propriété s'appelle *Les Albizias*. Demain après-midi, pour l'assemblée générale, je suppose que vous le remplacerez… Je vous prépare le nécessaire.

Habituée aux exigences de leur chef, Patricia est une fine mouche fort sympathique. David, chargé d'un volumineux dossier, arrive aux Albizias, vaste demeure implantée dans un parc luxuriant où jonquilles et narcisses explosent. Des albizias aux feuillages vert tendre bordent l'allée ; dans un recoin des camélias rouges terminent leur floraison, alors qu'un magnolia géant annonce ses fleurs érigées en tulipes, d'où son nom de tulipier. La renaissance de la nature lui coupe le souffle. À gauche, une piscine couleur lagon abritée de hauts palmiers ; à chaque coin trône une statue : une Vénus de Milo au bras coupé, une Aphrodite, une Athéna et une Diane chasseresse coiffée d'un croissant de lune. Fasciné, il s'avance, apprécie le drapé des épaules et des hanches, et la maîtrise de la grâce incarnée dans la matière. Le patron serait donc un esthète à gros moyens… David se dirige vers le perron, grimpe les marches roses et sonne. Un majordome, l'air compassé, ouvre et dit :

– Monsieur attend monsieur. Si monsieur veut bien me suivre.

Un ascenseur les mène au second étage, l'homme frappe à une porte, une voix agacée répond :

– Hubert, entrez donc !

Celui-ci s'efface et annonce :

– Monsieur Morin, monsieur.

Voir Belmonte ainsi allongé surprend David ; il s'agit plutôt d'une force glaçante qui émane de lui.

– Entrez, Morin ! Prenez donc une chaise !

David s'exécute, s'approche du convalescent et s'inquiète de sa santé. Belmonte lui cloue le bec :

– N'en parlons pas ! Je suis condamné au repos forcé pour un mois, selon cet imbécile de médecin ! Mais concentrons-nous sur l'AG : serez-vous capable de faire face ?

De lourdes secondes à sonder son adjoint s'écoulent, et David répond :

— Dites-moi comment orienter la réunion.

Voyant l'épais dossier, Belmonte renchérit :

— Vous avez pensé à rassembler toutes les pièces, sans douter que je serais hors circuit ?

— Monsieur, il m'est impossible de vous imaginer hors d'état de travailler !

— C'est vrai. Vous avez de la fortune, Morin ?

Éberlué, David se ravise et répond :

— J'ai à peu près quatre cent mille euros.

— Tant que ça ! Il est vrai que vous n'avez guère le temps de dépenser votre argent !

— Détrompez-vous, Monsieur ! Il suffit d'une soirée chaude au casino pour tout dilapider !

— Vous avez raison, et je ne vous demanderai pas si vous avez déjà caressé l'expérience…

Belmonte est songeur, un peu sur sa faim. David ajoute :

— Je dois vous dire que j'ai hérité de mon père.

— Excellente nouvelle ! J'ai l'intention d'ouvrir une agence en Suisse, à Berne. Pendant que je la lancerai, vous assurerez la direction de celle-ci. Puis vous prendrez la relève à Berne en tant que directeur. Nous allons nous ramasser un bon paquet de fric. Qu'en dites-vous ?

— C'est formidable, monsieur, comptez sur moi.

— Nous allons étudier l'affaire de près. Mais soyez à la hauteur de la PubliOcéane d'abord ! Compris ?

David sent son destin basculer sans en percevoir les contours. Il se concentre sur l'assemblée, compulse les procès-verbaux des réunions précédentes et note les consignes des semaines où il remplacera son chef.

— Appelez-moi après l'assemblée. Donc, en résumé : méfiance avec l'avocat, de la conviction face aux banquiers, et le marché des huiles de beauté est à nous !

David sort, le soleil au zénith jette ses ors sur la piscine et les statues sur fond de luxuriance, il se croit dans un jardin d'Italie. Une déesse à la chevelure blond vénitien s'élance du marbre rose et plonge. C'est un choc. Il part s'offrir son premier bain de mer de la saison. Pour l'AG du lendemain, il se veut solide, et pourquoi pas étincelant ; puis il regagne sa villa pour déjeuner avec Tosca, sa féline adorée. Une image l'indispose, celle de la sirène, obsédante, et déjà fatale.

Les Albizias, 27 mars

La réunion fut houleuse. L'avocat Lévy profita de l'absence de Belmonte pour actionner son ego en direction de David, ravi de pouvoir humilier ce jeune « rival », lui qui vieillissait avec aigreur. La basse tactique glissa sur David qui suivit le fil rouge du boss, à la logique linéaire, implacable, tout en saupoudrant un cocktail d'entregent et de mordant. Les enjeux professionnels l'ayant épargné jusqu'ici, David considéra l'épreuve comme sa première victoire. La créature des Albizias avait indéniablement contribué à élever son taux de testostérone. Depuis la veille, un sang âpre coulait en lui, et un turbo invisible s'était mis en marche pour le hausser, peut-être le broyer ?

– Tu t'es rudement bien débrouillé ! Au fait, tu as vu la femme de Belmonte ? le taquina Pierre, le dessinateur.

– Pourquoi, j'aurais dû ?

— Quand tu la verras, tu ne me poseras pas la question ! Il a dû la dégotter dans un club… Je lui souhaite bien du plaisir avec ce buffle mal léché !

— On ne le connaît pas, trêve de bavardage, je dois rassembler mes notes pour lui rendre compte ce soir.

À l'évocation de cette femme, il a le tournis. Comment ose-t-il convoiter la femme de Robert ? À dix-sept heures, il appelle Belmonte. Une voix féminine répond :

— Qui est à l'appareil ?

— David Morin, puis-je parler à M. Belmonte ?

— Bien sûr, monsieur Morin, il vous attend…

Impatient, celui-ci prie David de passer chez lui en début de soirée. Arrivé peu avant vingt heures, il goûte la majesté du domaine à la tombée du jour, puis le cérémonieux Hubert le mène jusqu'à Robert. Cramoisi, l'œil surexcité, d'un revers de main, Belmonte balaie les journaux qui l'encombrent et attaque :

— Félicitations, Morin ! Le banquier Renaud vous a trouvé très habile face à tous les pièges tendus.

— Lévy s'est acharné à me mettre à l'épreuve, et je ne suis pas sûr d'avoir été à la hauteur…

— Vous avez été parfait ! Avez-vous le PV ?

David le lui tend, mais Belmonte a une urgence localisée du côté du petit bar contenant une belle variété d'alcools forts. Il ordonne à David de servir deux verres de Jack Daniel's. Le jeune homme s'exécute, ajoute des glaçons et tend son verre à un Robert très réactif :

— Morin, un bon verre, c'est un verre plein !

— Bien sûr, mais ne pensez-vous pas que dans votre état…

— Suffit, Morin ! Ôtez-moi vos glaçons pour minet imberbe !

David obtempère en retenant un sourire, tend son verre à Belmonte qui le boit cul sec avant d'en réclamer un second qu'il déguste apaisé, tout en faisant son numéro de victime :

— Ici, une ligue est contre moi, on fait tout pour me cantonner à l'état de malade impuissant !

— Monsieur plaisante, c'est impossible !

Le boss apprécie la réplique, il écoute ses analyses et lui donne rendez-vous pour le lendemain à la même heure.

Sur le perron, les neufs coups du clocher traversent la pinède jusqu'à lui. Il lève la tête vers la façade et constate que seule la fenêtre de Belmonte est éclairée. Que peut faire la sirène ? Arrivé à sa Toyota, il ouvre une porte arrière, balance sa serviette sur la banquette, se glisse au volant : une créature se dresse à ses côtés. Figé, il remonte vers le visage : c'est elle ! Elle est calme. Lui, c'est le Piton de la Fournaise. Il brûle de l'intérieur comme un damné.

— Bonsoir… Je vous ai fait peur ?

— En effet, je viens d'avoir la peur de ma vie !

Elle éclate de rire, il allume le plafond, la trouve irrésistible et éteint très vite pour calmer ses émois.

— Je parie que votre voiture va vite. Je la préfère à la Mercédès de Robert. Vous voulez bien m'apprendre ?

— C'est simple, c'est une conduite automatique.

— Robert m'interdit de conduire, je roule à vélo.

— Si Robert n'est pas d'accord, voyez dans quel pétrin vous me mettez !

— Et mon libre arbitre ! Robert vous terrorise ?

Elle penche la tête vers lui, l'observe amusée. Il met le contact, manœuvre jusqu'à la grille, puis roule à cent cinquante et s'arrête en haut d'une corniche.

— Ouf ! On peut dire que vous avez de la conduite, du style, sans compter que vous êtes brillant, a dit Robert.

— Bien. Si vous voulez conduire, on y va.

Ils échangent leurs places, il l'instruit sur l'art de freiner.

— C'est facile !

De trente à l'heure, elle monte à cent cinquante.

— Cessez de vous emballer ! Redressez à droite !

Une voiture klaxonne, David appuie sur la pédale de frein, l'autre les double, puis David stoppe net.

— Pourquoi gâcher mon plaisir ?

— Ce n'est pas une Formule un ! On s'arrête là.

— Alors, prenez le volant et roulez très vite.

— Vous êtes toujours aussi exigeante ?

— À vos côtés, oui, la vitesse me grise…

Il roule à tombeau ouvert et la dépose à la grille :

— Je voudrais vous éviter des ennuis, dit-il, et ne pas être en porte-à-faux vis-à-vis de Robert.

— Il n'en saura rien. Quand revenez-vous ?

— Sur ordre de Robert, demain soir.

— Bonne nuit, David. Je m'appelle Sonia.

Son regard insoutenable le glace, ne lui dit rien qui vaille, et pourtant une force le pousse vers le mystère, l'enfer, ou le néant.

Côte de Lumière, 30 mars

Il roule vers *Les Albizias* pour informer Belmonte de la bonne marche des affaires, mais les leçons de conduite qu'il assure auprès de Sonia le laissent perplexe, un brin déprimé. C'est comme de l'enthousiasme ravalé. Pourquoi s'infliger une telle servitude sans retour d'amour, pour des désirs frustrés, des nuits agitées, une humeur irascible et une créativité en berne ? Il est en rage contre lui-même, contre son âme masochiste, et croit entendre Jung lui dire que son ombre est à l'œuvre ! Le vendredi est sacré pour lui, annonciateur de ressourcement d'où il émerge le lundi en jeune daim fringant. S'il perd ses rythmes, son discernement et sa vie lui échappent. Les cours avec Sonia sont prévisibles et monotones : conduite à cinquante à l'heure avec économie de paroles, concentration oblige, alors qu'il se consume en silence. Il se sait apprécié, mais s'entendre dire qu'il est un chic type devient rasoir. Ce vendredi soir, il accomplit sa mission auprès de Robert, repart vers sa voiture et voit le siège passager vide. Il démarre en marche arrière et aperçoit Sonia sous le grand cèdre vêtue d'une robe vert émeraude ; elle ouvre la portière côté chauffeur et propose la pointe d'Arçay :

— Là-bas c'est sauvage, on peut se baigner nu !

— Il est tard, que va dire Robert ?

— J'ai dit que j'allais au cinéma avec une copine.

Sûre de sa conduite, elle s'arrête boulevard de la Forêt et se dirige vers une grande dune. David suit, caressé par la brise marine, il s'accroche aux étoiles avec l'espoir de redevenir lui-même. Sonia prend un raidillon qui mène à la plage ; arrivée la première, elle détache sa robe, se retrouve en bikini émeraude et court vers la mer. David met cinq minutes à enfiler son maillot et, cœur battant, rejoint la naïade riante qui s'ébat sous la lune et l'asperge dès qu'il l'approche. Un courant le traverse et l'avertit de sauver sa peau et sa raison. Il part nager loin, revient hors d'haleine comme après une épreuve de Koh Lanta, puis part s'allonger. Son corps l'alerte, une incohérence le coupe en deux alors qu'il croyait avoir laissé sa détresse dans l'océan. Ruisselante, diamantée des éclats de lune, Sonia arrive. Il se lève pour l'enlacer mais, d'une prise de judo inattendue, elle le met à terre et crie :

— Vite ! Don Juan de pacotille, je pars !

Abasourdi, il se remet de sa déconvenue, remonte le raidillon et entend sa voiture démarrer. Parvenu à la route déserte, un taxi arrive, il le hèle, goûte sa chance et monte. Dix minutes plus tard, déposé à sa villa, il voit sa voiture et Sonia sous le grand pin.

— Je vous ai ramené votre voiture…

— Trop aimable !

Sous la lune, elle est blême, chancelle et s'évanouit. Il la réanime en la giflant, l'installe sous la véranda et glisse entre ses lèvres un verre de cognac. Retrouvant ses esprits, elle avoue :

— J'ai eu un accident… J'ai renversé un homme.

— Vous êtes sûre ? Et où donc ?

David rejoint sa voiture, la portière avant gauche a subi des dommages et l'aile droite a été emboutie. De retour, Sonia en larmes s'écrie :

— J'ai abîmé la portière de votre voiture !

— Ne vous mettez pas dans cet état pour une éraflure ! Parlez-moi plutôt de l'homme que vous avez renversé.

— Arrivé à ma hauteur, il s'est mis à hurler en me serrant avec sa moto pour provoquer l'accident !

— Qu'est-il devenu ? Il a été blessé ?

— Il est tombé et je me suis enfuie…

— C'est un délit de fuite… qui s'est passé où ?

— Sur la petite route qui mène à la corniche.

Troublé, David prend sa torche, inspecte l'étendue des dégâts. Un liquide rouge luit sur la roue arrière gauche, à croire qu'elle est passée sur un corps. L'envie de vomir le prend : il est responsable d'un homicide. Sonia l'a enfumé… Il va jeter un œil sur elle, le cognac l'a achevée. Il part en VTT vers la corniche. Il se gare près des voitures à l'arrêt et voit un corps gisant dans son sang. Il aborde un homme jovial qui lui sert sa version :

— Un flic vient de se faire bousiller ! Avec leur façon de serrer les gens quand ça leur chante…

— Il est mort sur le coup ?

— Non, le mec s'y est pris à plusieurs reprises…

Ébranlé, David rentre dare-dare. Sonia s'évade devant un documentaire animalier.

— Alors, ça va ? dit-elle faussement désinvolte.

— Vous, ne faites pas l'innocente !

— Si on m'a vue, je dois en parler à Robert…

— Il vous demandera ce que vous fichiez dans ma voiture !

— Vous avez raison, vous allez devoir me conseiller. À demain.

Ils roulent vers *Les Albizias*. David revoit ses délires amoureux… à la grille, il la dépose et dit :

— Revenez demain chez moi en fin de matinée, et n'oubliez pas que vous avez tué un homme !

À l'Ombre des Dunes, 31 mars

Le lendemain, David part flairer la tournure de l'affaire. La presse, poussée par les propos du chef de la police, s'est déchaînée. Il lit : « Il ne s'agit pas d'un banal accident. Le chauffard sera poursuivi et classé parmi les assassins de la route. Jusqu'ici, personne n'avait été écrasé par une auto de façon aussi barbare. Il s'agit de notre camarade Paul Lescaud, et mes hommes ne connaîtront le repos qu'après avoir mis la main sur le criminel. Toutes les voitures du département et au-delà sont examinées, des barrages mis en place, etc. » Anéanti, il est prêt à endosser toute la responsabilité si l'on découvre que sa voiture est en cause. Sur le retour, il révise son désir amoureux qui ne reposait sur rien. Quel sens avait cet entichement funeste ? Il songe aux tragédies de Corneille et Racine, à ces amours bafouées qui le placent dans la communauté des mal-aimés. De retour à sa villa, Sonia débarque. Il lui fait part de sa stratégie qu'elle n'approuve pas, d'autant plus qu'elle a un impératif : retrouver son portable oublié dans la Toyota. Dans la nuit, David avait planqué sa voiture dans le garage de son voisin en vacances ; s'y rendant avec Sonia, il constate que la porte est entrouverte, et que le cadenas a été arraché. Une sueur l'inonde, il prend sur lui, fouille sa voiture. Pas de portable. C'est une catastrophe pour Sonia qui explose, hystérisée par la frustration, et David se voit accusé du vol des contenus secrets de son smartphone, et du diabolique calcul de lui remettre en échange de son corps… N'en croyant pas ses oreilles, il l'interrompt net :

– Vous êtes au bout du rouleau. Robert vous attend, prenez votre vélo et oust !

– Je veux entrer, j'ai quelque chose à vous dire…

– Je suis tout ouïe !

– J'ai cru que c'était vous, il avait votre voix…

– De qui parlez-vous ?

– Ce matin, un homme m'a téléphoné, s'est assuré que c'était bien moi, puis a dit : « Madame Sonia Belmonte, votre bain d'hier soir était-il délicieux ? » Quand j'ai demandé qui il était, il a raccroché. David, je suis sûre que c'est un maître-chanteur, il va nous demander de l'argent… Vous seriez prêt à acheter son silence ?

– Sûrement pas ! Bientôt midi, un whisky ?

– Avec plaisir. Un double avec glaçons.

David la sert et assiste à sa métamorphose. L'alcool agit comme une jouvence, il s'en étonne. Elle se méprend et se lève, se colle à lui et offre sa bouche, mais chaque jour lui injecte du sang-froid dans les veines. Rejetée, elle quitte la véranda piteusement, tandis que David apprécie secrètement sa victoire. Sans perdre une miette de ce qui se trame, Tosca absorbe les miasmes qui tourmentent son maître, dans l'attente du calme où elle pourra basculer sa tête dans le but de recevoir quelques baisers sur son cou. Un gros bar fait de leur déjeuner une fête. De l'instant d'oubli émerge une image rassurante : Olivia, cette magnifique femme rencontrée au casino de Pornic. Que dirait-elle du pétrin dans lequel il s'est mis ? De retour d'Italie, elle lui a envoyé un email qui remonte à une semaine maintenant. Ce soir, il lui répondra. Il souhaite la revoir, mais la fange où il patauge lui fait l'effet d'une glu. Le chaos avancé dans lequel il se trouve a, à son avis, plusieurs sens. S'il a succombé à un attrait de pacotille, l'enchaînement des événements ressemble à une sombre machination. Désormais, son but sera de la démonter avant d'être projeté à la périphérie de lui-même et de sombrer.

À l'Ombre des Dunes, 1er avril

Le temps estival invite à l'exaltation de tous les sens, aux réjouissances aquatiques, mais il lui paraît plus sage d'alléger son esprit des contingences et de préparer sa défense face à d'éventuels aléas. Inspectant sa Toyota à l'intense lumière du jour, d'épaisses souillures de sang maculent les roues avant et la roue arrière gauche. Contrairement aux dires de Sonia, l'impact n'a pas été que latéral, mais aussi frontal. Elle a menti ! Ulcéré, il met de côté l'état des pneus et s'emploie à inverser les plaques minéralogiques de la vieille Renault de Jacques et de sa Toyota, et pose un nouveau cadenas sur la porte. Libéré à demi, en communion avec le jour resplendissant, il part vers la mer, se baigne longuement sous l'azur. À pas lents il revient vers sa dune en ancrant chaque pas dans le sable, puis s'endort au ressac. Vingt minutes plus tard son portable vibre et brise son abandon. C'est Hubert, le majordome de Belmonte :

— Monsieur Morin ?

— Lui-même !

— Monsieur Belmonte me fait dire à monsieur, s'il n'est pas trop occupé, qu'il souhaite voir monsieur.

— C'est mon jour de golf, ne pouvez-vous pas répondre à monsieur Belmonte que vous n'avez pas pu me joindre ?

— Sans doute, mais monsieur me laisse entendre qu'il s'agit d'une urgence.

— Très bien. J'arrive.

En ce dimanche où la nature célèbre la vie, les hommes ne savent visiblement pas s'arrêter d'élaborer des stratégies qui mènent toujours plus haut leur ego, toujours avide, insatiable, ou en survie… Par ces temps ingrats, il avance en psychologie des profondeurs, et bientôt les failles narcissiques des grands brasseurs d'affaires n'auront plus de secret pour lui. Il sait la fragilité de l'ego tant ses composantes sont peu glorieuses : frustrations, vanités, jalousies, violences de l'enfance. Nier ses carences pour convoiter le sommet est un parcours périlleux truffé de leurres et de chutes. *A contrario*, à se saisir du terreau des souffrances pour les malaxer jusqu'au noyau de la résilience, il devient infiniment plus humble, léger et digne. David veut une voie de lenteur sous un ciel comparable aux cieux grecs. Ce qu'il vit est là pour le lui confirmer.

Trêve d'exaspération, il arrive aux Albizias au volant de la vieille Renaud. Les jets d'eau bénissent les arbres, les âmes, et font croire aux passants qu'ils frôlent l'antichambre du paradis. Un coup d'œil vers la piscine en se garant l'informe que Sonia repose au pied d'une Vénus, puis il monte les marches roses de l'enfer. Au bout de la terrasse, deux transats sont occupés. Belmonte trône dans l'un, une jambe posée sur un tabouret, de l'autre émerge une tête portée par une large carrure. C'est Richard Merle, un ami de Jacques, croisé la veille, au moment où il sortait sa guimbarde du garage. A-t-il eu le temps de remarquer Sonia ? Arrivé auprès de Belmonte, celui-ci l'accueille d'un sourire affable, sa belle mine d'aventurier l'éloigne de sa position d'handicapé. David l'en complimente.

— Alors Morin, vous comptiez aller au golf ?

— Et sur vos bons conseils.

Richard Merle lui tend la main et s'exclame :

— Comme on se retrouve ! Robert vient de m'apprendre que vous alliez prendre la direction de sa succursale à Berne !?

— Nous n'avons fait qu'effleurer le sujet…

David n'a pas l'esprit aux affaires, son estomac se contracte. Robert l'invite à s'asseoir :

— Je suis désolé pour votre partie de golf, mais Richard est passé avec ses idées d'affairiste…

— S'il a perdu sa partie de golf, on peut lui faire confiance pour le reste, glousse Merle.

Belmonte s'enquiert :

— Que savez-vous de ce qu'il fait de sa jeunesse ?

— Il a la beauté du diable et les opportunités ne doivent pas lui manquer… Je suis dans le projet de Berne et prêt à engager une bonne somme. Quand Robert m'a annoncé l'affaire, j'ai voulu échanger avec vous.

Belmonte fronce les sourcils dès qu'il n'est plus leader de la discussion :

— M. Merle veut placer trois cent mille euros dans l'entreprise, il fallait donc vous rencontrer !

— Robert vous dit inventif, néanmoins certains points restent à préciser.

— Je vous en prie…

— Mes questions visent plutôt votre éthique… pas d'histoires de corruption, ce n'est pas si courant…

Belmonte s'empresse de le défendre :

— David Morin est au-dessus de tout soupçon !

— Je suis un mauvais plaisantin… mais parlez-moi de vos références.

David décline son curriculum vitæ, répond aux questions et expose sa vision du projet de Berne à Merle.

– Je pense que vous êtes l'homme de la situation. Si vous mettez trois cent mille euros dans l'affaire, j'en mettrai autant.

Mais Belmonte précise :

– En tant que directeur, il touchera dix pour cent des bénéfices, et vous cinq pour cent.

– C'est juste, c'est lui qui sera aux commandes !

Satisfait de la bonne tournure, Belmont conclut :

– Vous pouvez disposer… À mardi, vingt heures, avec vos chèques. Le golf, la mer, les femmes, vous attendent…

Les graviers craquent sous les roues d'une voiture sombre, un policier en descend, c'est le capitaine Marouani. Véloce, il grimpe les escaliers et traverse la terrasse en un temps record.

– Messieurs, pardonnez cette intrusion. Je viens à la suite de l'accident de vendredi soir… Vous avez lu la presse ? Nous devons vérifier tous les véhicules de la ville, y compris les vôtres si ça ne vous gêne pas…

Sous l'émotion, Belmonte vire de teint, le rouge écrevisse ébouillantée inonde son visage :

– Voir mes voitures, vous imaginez vraiment que j'ai quelque chose à voir avec tout ça ?

– Monsieur Belmonte, nous n'imaginons rien, mais nous vérifions tout.

– Vous perdez votre temps ! Depuis mon accident, aucune voiture n'est sortie d'ici !

David observe Richard Merle se délecter de la scène. Belmonte le prend à témoin :

– Voyez à quoi sert l'argent de nos impôts : à payer des flics qui emmerdent le monde !

– Soyez raisonnable, vous oubliez qu'il s'agit d'un accident mortel… répondit Merle calmement.

Belmonte lâche du lest et se tourne vers David :

— Morin, accompagnez le capitaine au garage, et ne le lâchez pas d'une semelle. Ces hommes sont capables de poser des pièces à conviction ici ou là…

En bas du perron, Marouani n'y tient plus :

— Vous travaillez pour ce gars-là… je vous souhaite bien du plaisir ! Je prenais mon chef pour un fieffé salaud, mais lui le dépasse…

Songeur, David se demande s'il s'agit de prescience ou d'autre chose, mais Marouani l'intrigue. Arrivés aux voitures, le flic lui demande l'identité du propriétaire de la Mercédès et de la Renault, puis il les examine avec minutie et conclut :

— Elles sont en bon état. La Renault est à vous ?

— Exact.

David n'en mène pas large, s'il lui demande ses papiers, il est cuit. Le capitaine poursuit :

— Je peux vous donner un certificat immédiat de bon état. Vos nom et adresse ? Marouani note les informations données par David qui se laisse gagner par une bienheureuse décompression. Le flic arrache le premier feuillet de son bloc et lui tend :

— En cas d'incident futur, vous êtes hors de cause.

— Merci, Capitaine, mais rouler à vélo est préférable par les temps qui courent...

— Je suis remonté envers la hiérarchie, Lescaud était un pourri qui a trempé dans tout ce qui fait du fric…

— C'est donc lui qui a été tué… ?

— En personne, nous venons de découvrir l'envergure de ses escroqueries !

— L'instinct de survie qui défie toutes limites me laisse toujours pantois…

— Les passions extrêmes ravivent l'orgiaque en soi, et son côté « veau d'or » fait écho à votre patron.

— Belmonte n'a nul besoin de recourir à de telles méthodes !

— Il a un profil d'ogre… gardez cela pour vous !

Marouani le sidère par son sens du profil, mais le soleil le liquéfie. S'il pouvait éviter de passer devant la piscine, Sonia, et si le sol s'ouvrait, il serait sauvé… Tenace, le capitaine a repéré le garage et poursuit :

— Et ces statues, on se croirait en Italie… Vous n'êtes pas écœuré de travailler pour un type aussi friqué ?

— Si l'homme est honnête et réglo, moi ça me va.

— Vous êtes un sage. J'ai trop vu de puissants oublier qu'ils étaient fabriqués comme les autres.

— Leurs possessions ne nous enlèvent rien, mais les inégalités sociales me font hurler !

— Vous avez raison.

Arrivés près de la piscine, sur la pointe du plongeoir, une sirène en bikini blanc, chevelure blond vénitien jusqu'à la taille, plonge en une courbe gracieuse. Elle remonte, fait la planche, ses cheveux étalés en algues d'or. Le soleil sublime la scène ; médusé, Marouani lâche :

— C'est sa fille ou sa femme ?

— C'est madame Belmonte.

— Putain, quel vieux requin ! On peut dire que son fric soutient de belles causes.

David sourit en avançant vers le garage quand il entend : « Monsieur Morin ! » Il laisse Marouani terminer son inspection et remonte vers la voix. Vêtue d'un peignoir immaculé, cheveux trempés, Sonia avance apeurée. David précise que le policier inspecte les voitures indemnes pour leur délivrer un certificat de bon état. Un sourire effleure ses lèvres mais une menace plombe son regard. Libéré de sa tâche, Marouani la salue :

— Enchanté, madame, j'ai examiné les voitures, vous êtes au courant de l'accident…

— On ne parle que de cela !

Et, telle une gazelle effarouchée, elle retourne se jeter dans l'eau.

– C'est une bêcheuse ou je lui fais peur ? Vous avez remarqué son visage décomposé sous le bronzage ?

Ils remontent vers la villa, David se sait en présence d'un bon flic, l'instinct de chasseur en alerte, qu'une fine observation alimente. Marouani remet à Belmonte et à Merle les certificats de bon état de leur véhicule respectif en les saluant :

– Messieurs, merci pour votre participation.

Le temps que le gendarme regagne sa voiture, chacun se retient, puis au crissement des pneus sur le gravier, les souffles se relâchent. Une brise parfumée balaye l'air et l'avenir s'éclaire. Les deux invités quittent Belmonte en se rappelant le rendez-vous de mardi, et au moment de partir, Merle lance à David :

– Je vois que vous vous servez toujours de la voiture de Jacques !

– La mienne est au garage, une fuite du carter !

– Ces voitures c'est la poisse… Vous connaissez madame Belmonte ?

– Bien sûr, je viens de la présenter au capitaine.

– C'est une jolie femme, trop jeune pour lui !

– Chaque couple a ses mystères…

– Avec votre intelligence, vous n'iriez pas vous jeter sur un poison pareil ? Mais de quoi je me mêle ! Je vous invite un soir à la maison, ma femme fait des tapas extra !

Puis il démarre avec un sourire souligné de sa barbichette poivre et sel que David trouve simiesque. Il en frémit. Tout cela sent la *commedia dell'arte*, alors il se rue vers sa féline, sa boule d'amour et de paix. En une seconde, Tosca pose sur son maître un regard d'amour qui semble boire ses peines. Le cœur débordant de reconnaissance pour une telle empathie, il la met dans son couffin et tous deux partent vers la dune. La caresse du large pénètre son abri d'osier, Tosca regarde son maître s'éloigner vers les flots, sachant qu'il reviendra lire ou somnoler près d'elle.

À son retour, ressourcé, l'étau des jours sombres s'est relâché, bien qu'une opacité demeure. La lecture d'un *Géo* consacré aux expéditions polaires stimule son esprit d'aventure et de recherche, et donne à sa journée l'évasion tant souhaitée. Avant de rentrer, il balaye l'horizon mauve orangé, les dunes hérissées d'oyats, de joncs, de chardons bleus. Il s'en imprègne pour une soirée qu'il ne veut qu'en pastels.

À l'Ombre des Dunes, 2 avril

La nuit le transporte en des galaxies bleues et scintillantes dans l'oubli total des immondices du monde. Il prend son petit déjeuner au premier étage où sa cuisine a pris place depuis peu, face au large, où son esprit peut vagabonder sans limites. Ce matin, un petit bilan s'impose. David s'aperçoit que le capitaine Marouani a omis de préciser le type de véhicule sur le certificat de constat, près du numéro d'immatriculation. C'est l'aubaine qui va lui permettre de restituer à chaque voiture sa plaque minéralogique. S'il reste sa Toyota à réparer, il doit attendre, et rouler à vélo quelque temps. Alors qu'il est prêt à partir, le téléphone sonne :

— Monsieur Morin ?

— Lui-même, à qui ai-je l'honneur ?

— Mon nom ne vous dira rien, mais nous allons bientôt nous rencontrer. Où en est votre voiture ?

L'inconnu raccroche illico. Sonia aurait-elle raison ? En VTT, il pédale avec rage vers les Sables. Après une journée satisfaisante, il rentre et va au garage de Jacques procéder à la remise en place des plaques minéralogiques. En pleine action, un bruit insolite le fait sursauter. Puis, seul gémit le vent dans les pins. Une fois remis à l'ouvrage, le portail grince et l'affole. Relevé à demi, un ciel indigo à la lune gibbeuse s'ouvre devant lui et éclaire le garage. Son cœur s'arrête un instant, puis David se lève comme un ressort alors qu'une torche l'aveugle. Il chute, le portail se referme et, plongé dans le noir il réalise qu'il vient d'être flashé auprès de sa Toyota endommagée ! Fou d'avoir été piégé, il bondit à la poursuite du photographe. Des voiles de nuages glissent sur la lune, il s'égare vers les marais ; à chaque apparition lunaire, des spectres épouvantables se dressent. Les pins s'étendent en une mer d'or, des fantômes tombent du ciel. Déboussolé, il doit cesser de se battre contre les forces obscures. Sa tendre Tosca s'impose à sa vision. Par elle, il recouvre sa raison et veut la retrouver au plus vite, quand des pas précipités sur les aiguilles de pins s'approchent. Une matraque s'abat sur sa nuque. C'est le néant.

À *l'Ombre des Dunes*, 3 avril

Un bruit familier provenant du salon le sort d'un sommeil comateux ; il entrouvre ses paupières et tente de remuer son corps douloureux. Les six heures matinales carillonnées par sa comtoise le resituent dans son espace. Sur une épaule, une chaleur souveraine le pénètre : c'est Tosca, sa magicienne. Étrangement allongé sur le divan du salon, le cou quasi cassé, une décharge électrique zébrant son dos, il se remémore ses dernières heures de lucidité. Dans le fauteuil d'en face, un individu sirote un whisky et fait tinter des glaçons. Baraqué, blond et souriant, habillé d'un jogging bleu outre-mer, âgé d'environ vingt-cinq ans, il entre dans le vif du sujet :

— Bonjour, papa, j'avoue avoir cogné un peu fort.

— Auriez-vous l'obligeance de me donner quelques glaçons afin de soulager vos sales coups ? Ensuite, vous vous présenterez…

— Je veux de la thune, c'est mon boulot de vendre des trucs compromettants.

— Vite, des glaçons ! Ensuite je vous écouterai.

L'intrus monte à la cuisine, revient avec les glaçons qu'il dépose, et se sert un second whisky. Tout près, dans le nécessaire de Tosca, David prend un sac plastique, une serviette éponge et se fait un pansement glacé pour apaiser ses hématomes.

— Je m'appelle Lazare, on m'appelle Laz. Je peux vous dire que pas loin d'ici, il y a une jolie plage où les amoureux viennent fricoter le soir sous les étoiles. L'autre soir, la femme d'un magnat de la publicité s'est même baignée en votre compagnie… vous me suivez ?

— En quoi cela est-il censé m'intéresser ?

— J'ai de beaux clichés, et avec l'accident provoqué par votre voiture… dix ans à l'ombre vous attendent, votre petite amie et vous. C'est elle qui a tué, mais c'est votre voiture ! *Capito* ?

— Combien voulez-vous pour tout oublier ?

— Papa, ne soyez pas affligé… et que feriez-vous de trois cent mille euros en prison ?

— Nous n'avons qu'une décennie d'écart, alors cessez de m'appeler ainsi ; ensuite, je n'ai pas cette somme, mais peux vous payer le cliché…

— Je dois quitter le pays, il me faut plus. Votre petite amie n'aurait pas des bijoux, des pierres à vendre ? Je ne veux que des espèces, et le tout pour jeudi. Je vous rappellerai demain.

Gonflé de la puissance de sa jeunesse et de l'illusion d'être le maître du temps, Laz prend plaisir à s'attarder sur son fond de scotch. Enfin, il part enfourcher son scooter. David se prépare à dire adieu à sa carrière à Berne. À retardement, il réagit à la somme de trois cent mille euros : même chiffre que celui prévu pour l'affaire suisse ! Il laisse décanter la coïncidence à la lenteur de son cerveau prisonnier de ses limbes, puis il pense à sa voiture à réparer : l'aspect basique de la vie dope ses neurones. Il téléphone à Jean, son copain mécano : ses ouvriers sont disponibles, prêts à se mettre à la tâche. David précise son immobilité suite à une agression. Jean prend l'affaire en main et à quatorze heures, la Toyota est embarquée. Après avoir constaté ses blessures, le médecin incite David à sortir de sa posture de reclus et à faire valoir le préjudice commis à son encontre. Il téléphone à Belmonte, lui fait part de son handicap momentané, quand ce dernier le menace. Éberlué, David retrouve sa verve :

— Monsieur, c'est indigne de vous. Vous n'avez pas été un surhomme lors de votre accident, alors merci de me respecter comme je l'ai fait pour vous.

— Morin, je n'ai pas de leçon à recevoir de vous, vous me le paierez !

— Alors adieu veaux, vaches, cochons et Berne !

Outré par l'égocentrisme de l'homme libéral qui maîtrise les ficelles des affaires, il raccroche. Des tombereaux de peurs et de docilité se charrient en lui. Un brassage de croyances, de valeurs, de codes se catapultent, il ne sait plus à quel saint se vouer ! En plein électrochoc, Jean l'appelle, il peut lui prêter une Scénic le soir même, et propose un dîner couscous maison préparé par sa femme qui les rejoindra vers vingt heures. La chaleur de l'amitié opère la métamorphose qu'il n'attendait plus.

Les Sables-d'Olonne, 4 avril

Au volant de la Scénic, il retrouve un semblant de liberté et l'envie de prendre un bain dans la rumeur des rues et du port. Avec sa minerve, il se rend sur le port, entre au Bar de la Marine, lieu sympathique qu'il fréquente le midi quand il ne rentre pas chez lui. Pierre, le dessinateur de l'agence, arrive avec sa gentillesse coutumière, quand le patron annonce aux clients, peu nombreux à cette heure :

– Pour ceux qui ont manqué le dernier scoop : vendredi soir, un témoin a vu un couple sur la plage de la corniche au moment où Lescaud se faisait tuer. On recherche le couple, vous pensez bien que si c'est un couple illégitime, les tourtereaux ne vont pas témoigner !

Liquéfié, David demande au patron s'il connaît un certain Laz ou Lazare.

– Et comment ! Un jean-foutre beau parleur et beau gosse…

– Que fait-il dans la vie ?

– Barman au Rancho, sur la route de La Roche-sur-Yon, il fait des cocktails qui flinguent les intestins !

– Merci de l'info, j'éviterai de l'engager !

– Putain ! Voyez qui arrive ! Albina Ruiz, la fiancée du flic assassiné !

Une femme entre d'un pas lent et commande un double expresso. Ses yeux ardents de Mexicaine cherchent à croiser ceux de David qui y perçoit un appel de détresse. Il salue Pierre, quitte le bar, et part au volant de sa voiture comme s'il avait le diable aux trousses. Arrivé chez lui, il ne veut qu'entendre chanter *Tosca* par La Callas sur fond de ressac qui engloutit les misères du monde. Il veut se saouler de pureté, s'abrutir de beauté, s'incendier de magnificence. Tandis que Puccini bénit les horizons, les mécréants, les innocents, les ignorants et les purs, il dîne avec sa féline dans une paix qui devient palpable.

Premiers pas au Rancho, 5 avril

L'humeur de David est excellente, malgré ses douleurs, il avale l'horizon. Sa soirée d'hier l'a reconnecté à sa petite flamme qu'il croyait perdue. Il s'était négligé dans le chaos des derniers jours. Son petit déjeuner à peine terminé, le téléphone sonne. Une voix féminine aux accents latino lui laisse entendre qu'elle a des révélations à lui faire.

— Madame, d'où me connaissez-vous ?

— Je m'appelle Albina, et je suis au courant du chantage que vous fait Lazare… c'est par la photo que je vous ai reconnu.

— D'accord, quel est votre plan ?

— Je peux vous dire pour qui il travaille contre un peu d'argent. Mon fiancé vient d'être assassiné, je dois rentrer au Mexique, et au Rancho, je gagne à peine ma survie.

— D'accord, je peux vous offrir le voyage jusqu'à Mexico, ça vous va ?

— Oui, mais un peu plus, juste pour repartir à zéro, et me loger correctement.

— Cinq mille euros, demain soir à dix-huit heures, au Bar de la Marine, ça vous va ? Impossible avant, j'ai trop d'affaires en cours.

— Bien sûr. À demain, monsieur Morin.

La voix d'Albina est lasse, un peu brisée. Il pressent de nouvelles tribulations, redoute la dévoration du stress et les retards inhérents. Heureusement, Belmonte, disparu des écrans radars, lui fout la paix, et le projet suisse s'éloigne. La mer n'est plus sa jouvence, son état appelle les douceurs chaudes du spa. Les bains d'algues ou de sels de la mer Noire, les massages et les bains turbulents deviennent ses précieux antidotes. Rentré tôt, Tosca l'accueille en miaulant. Alerté, il se rend dans la chambre d'amis et voit Sonia étendue sur son lit avec lingerie et vêtements épars. L'ignorant, il monte s'affairer au dîner. Travailler de ses mains libère son esprit et ses tensions, et sa clairvoyance sur l'amour en devient redoutable.

L'amour, vaste concept qui recouvre l'étendue infinie des affects, s'autorise le droit du pire, se fait relayer par les délires de l'imaginaire et de vulgaires sécrétions d'hormones incompatibles entre elles ! Ne serait-ce que dans l'amour-haine où l'adrénaline tire à hue et à dia avec l'ocytocine… faisant de l'amour une éclipse ou un champ de bataille terrifiant. Sa pitoyable mésaventure lui aura appris que la précipitation néglige les angles de vue stratégiques de toute affaire et, quand celle-ci est délicate, il est impardonnable de n'être qu'un apprenti-sorcier ! David ne se laisse pas abattre pour autant et déguste des gambas avec sa féline, le souffle du grand large les met en apesanteur, et le génie de Puccini fracasse la toxicité du monde. Un sorbet citron accompagne *La Prière de Tosca,* summum de l'escalade vers l'ineffable. Soudain, l'idée d'aller humer le climat du Rancho le galvanise.

Il écoutera Albina dans ses œuvres et le reste suivra. Sonia doit déguerpir et, se rendant dans la chambre, il est ravi de la voir rhabillée, malgré sa sempiternelle supplique :

– David, c'est encore une nuit blanche qui m'attend. Vous devez donner l'argent à Lazare…

– N'y comptez pas ! Comment êtes-vous entrée ?

– Vous ne me comprenez pas…

– C'est vrai, je n'ai pas votre vive comprenette…

– Je suis entrée par la porte-fenêtre qui n'était...

David se jette sur elle et la pousse dehors. Il ferme tout, dévale l'escalier, et met le cap sur *Le Rancho.*

Situé dans une chênaie, c'est un vaste et chic pavillon en rotonde fait de bois et de brique, avec piste de danse, bars et petit music-hall qui attire les gens du cru et des départements voisins. Après une vision panoramique, il grimpe au bar du premier étage et commande un Martini blanc avec glaçons. Son voisin, un petit gros sympathique, amateur d'alcools forts, se dit être un habitué des lieux ; il va jusqu'à lui confier que l'espace contigu au bar est un tripot clandestin. Il en est membre, vient trois fois par semaine s'alcooliser et jouer. David se présente en touriste qui vient écouter Albina à vingt-trois heures. Les yeux noyés de larmes, le petit gros lui souhaite une belle soirée. Cet homme poignant dégage un spleen particulier.

Tragiquement belle, Albina est un compromis de Dalida et de Biyouna. Son répertoire rythmé de calypso et de rumba fait vibrer l'atmosphère des nostalgiques années cinquante - soixante. Les romantiques y revivent d'inoubliables instants, des amours mortes ou d'autres à renaître. Le tempo tropical ensoleille les visages, David est en osmose. Avant la fin du tour de chant, il fait parvenir un billet à Albina où il l'invite au bar du rez-de-chaussée. Elle arrive chancelante, le serveur remplit les coupes. Fébrile, elle boit, puis s'empresse de parler :

— Je dois partir au plus vite, je suis en danger. Lazare dit connaître l'assassin de mon fiancé...

— Comment peut-il en être sûr ?

— Il sait beaucoup de choses, mais se protège.

— Vous connaissez le patron du Rancho ?

— Un certain Manuel Santos, vu par deux fois.

— Je me suis laissé dire qu'on jouait à la roulette ici, c'est vrai ? Le patron n'a jamais eu d'ennuis ?

— Pas à ma connaissance…

Elle s'interrompt à la venue du serveur qui apporte des amandes et ressert du champagne. Elle redresse le buste et s'applique à taire des choses. David flaire un lien entre ce Santos et Paul Lescaud. Le bel endroit transpire de clandestinité.

— Vous aimiez votre fiancé Paul Lescaud ?

— Paul était sécurisant et généreux. Cet hiver, il m'a offert un vison, nous devions nous marier en septembre, et si vous voyiez sa villa à La Baule…

— Je suis bien désolé, mais vous savez qu'un policier ne peut mener un tel train de vie. Il a trempé dans de sales histoires et a été tué pour ça…

— Vous avez raison, il aurait dû s'arrêter…

— S'arrêter de quoi faire ?

Albina se raidit, tend sa coupe vide que David remplit en poursuivant :

— Depuis combien de temps travaillez-vous ici ?

— Un an. Avant, j'étais à Paris dans un cabaret. J'ai eu une histoire avec le patron qui devait quitter sa compagne, mais l'affaire était à elle…

— *Money is money…*

— Très juste.

La remarque ravive chez Albina les souvenirs de son aventure parisienne, et au-delà :

— Alors je suis allée sur la Riviera, puis Vichy, Plombières. J'adore les villes d'eaux. À La Baule, j'ai chanté tout l'hiver ; à la terrasse d'un café, j'ai rencontré Paul qui m'a présentée à Santos par la suite.

— Demain, vous me parlerez de Lazare : à dix-huit heures, au Bar de la Marine. Je vous raccompagne ?

— Merci, ici je dispose de la chambre de Paul.

— Est-ce bien prudent pour votre dernière nuit ?

— Je suis sentimentale, j'y retrouve Paul... Faites attention à Lazare, rentrez bien et à demain !

— Belle dernière nuit en France, Albina !

Sur le chemin du retour, David n'est pas à l'aise. Il aurait dû insister et ramener Albina à la villa. Son lien avec Lescaud la met en danger. Son intuition grandit, une masse de tourments s'abat sur lui.

À l'Ombre des Dunes, matin du 6 avril

Dès le réveil, sa première pensée va vers Albina. Son petit déjeuner terminé, il l'appelle sans succès, une houle d'émotions l'agite. Ses propos de la veille ont laissé en lui une drôle de musique ; il est persuadé que *Le Rancho*, son tripot et son patron inconnu au bataillon sont au cœur de l'affaire. Quant à Sonia, si elle n'est pas la tueuse de Lescaud, elle est liée au crime. Son insistance à réclamer l'argent de Laz la rend suspecte ; et du fatras éparpillé dans la chambre d'amis, il a trouvé sous le lit son permis de conduire. L'opacité s'épaissit. Sa matinée au bureau est bouillonnante, son cerveau bâtit des scénarios qui se bousculent et se contredisent. Incapable de se fixer sur un seul, il se confie à Pierre, ravi de participer à l'imbroglio :

– Tu devrais avertir la police, tu es déjà hors-la-loi. Et protéger la pétasse de Belmonte à y laisser ta peau me révolte ! Ne trouves-tu pas bizarre que le boss n'appelle pas ?

— Il boude ! J'ai hâte d'être à ce soir pour l'entrevue avec Albina. Au fait, pourrais-tu te poster à la terrasse de la Marine à dix-huit heures ?

— Avec plaisir, mon David !

— Je rentre prendre un peu de soleil. À vite, Pierre !

Tosca et David terminent leurs agapes dans le chant de l'océan quand un coup de frein de vélo brise leur tranquillité. C'est Sonia vêtue de jaune jonquille.

— Quel bon vent vous amène ?

— J'ai des choses à vous dire, écoutez-moi…

— Renouvelez-vous ou je vous jette à la mer !

— Je comprends que vous soyez furieux…

— Quel progrès ! Avez-vous retrouvé votre permis de conduire ?

Sonia élude la question et minaude :

— Je suis désolée, David…

S'ensuivent des regards de biche et l'effleurage des hanches : « Une vraie pétasse ! » s'esclafferait Pierre.

— Évitons de nous voir, un zona me guette !

— David, je vous ai aimé dès le départ, et les leçons de conduite, c'était pour être avec vous et voir votre regard débordant d'amour… alors que Robert ne m'aime pas.

— Depuis quand ?

— Dès notre mariage, il a cessé de faire l'amour…

Guéri de sa myopie amoureuse, il ne voit qu'une Sonia dépitée, en recherche d'estime d'elle-même :

— Il aurait voulu que je continue la sculpture, mais la discipline est dure, les journées sans relâche. J'ai fait l'une des quatre déesses de la piscine.

— Où avez-vous appris ?

— À Paris. Mes parents étaient amis avec Robert, on avait la même arrière-cour que le voisin sculpteur. Je suis devenue modèle de ses élèves, puis son élève durant trois ans. J'ai adoré cette époque. Hélas ! Mes parents sont morts dans un accident. Robert s'est occupé de moi et de mon frère, j'ai un peu continué la sculpture, le temps d'exécuter la déesse. Ensuite, Robert est venu s'installer aux Sables, mais ici, pas de maître sculpteur.

— D'où ce désœuvrement, ce bovarysme…

— Ce quoi ?

— Flaubert vous est inconnu… Robert aimerait vous voir cultivée… Mais vous avez votre permis, c'est déjà ça !

— En lui balançant son permis, il ajoute :

— Pour convaincre un jury de votre innocence, préparez-vous à faire des étincelles pour votre défense !

— Votre amour déçu vous fait dire n'importe quoi.

— Mais quelle prétentieuse !

— Cessez de rêver, on est dans le même pétrin, et vous allez devoir donner l'argent à Lazare !

— Ma parole, vous êtes son avocate ?!

— Mais non ! Voilà le diamant offert par Robert, dit-elle plus enjouée, en lui tendant une bague.

— Joliment montée, votre babiole… mais faites-la expertiser. Tout ce qui vient de vous est du flan ! Lazare, élu maître-chanteur par votre esprit, n'a rien pu voir sur la plage. J'y suis allé dès le lendemain, il n'y figurait que nos pas. Vous pouvez m'expliquer ?

Recroquevillée sur le fauteuil en osier qu'elle fait grincer, des secousses qui se veulent sanglots finissent par avorter, alors elle braille :

— David, ça fait des mois qu'il me fait chanter !

Écœuré de bêtise et de rouerie, il va se servir un double Schweppes qu'il sirote sous son nez :

— Lazare vous fait chanter et vous vous êtes dit : « Pourquoi ne pas l'orienter vers le pigeon David ? » Il ne vous est pas venu à l'esprit d'en parler à la police ?

— Vous n'y pensez pas ! Robert m'aurait tuée !

– Si Robert est fâché avec la police, c'est qu'il est dans l'illégalité. Comment Laz sait-il que j'ai de l'argent ?

– Je lui ai dit que vous alliez apporter une bonne somme pour monter une affaire avec Robert, sans penser qu'il s'en servirait… il m'a manipulée !

– Victime, complice du maître-chanteur rêvant de détourner la somme destinée à Berne… nous pourrions nous réunir et en débattre avec Robert !

Une frayeur zèbre le visage de Sonia. Il part se rafraîchir, fait couler l'eau, enjambe la fenêtre, revient vers la terrasse et l'entend discuter :

– Laz, je ne sais plus quoi faire. Il a tout deviné…

Tel un fauve, David bondit sur l'intrigante :

– Nous y voilà ! Mais on avance à grands pas !

– Vous allez le lâcher ce fric ! Vous êtes foutu ! Hurle-t-elle de sa face de gorgone impressionnante. Si vous ne me donnez pas cet…

Une gifle magistrale s'abat sur la diablesse :

– Voilà le premier acompte !

Ahurie, elle se colle à lui et tambourine sa poitrine de ses gros poings de sculptrice ratée. Il attrape ses poignets, les passe dans son dos et les noue d'une longe de Tosca. Traînée jusqu'à la chambre d'amis, il la ficelle aux montants du lit, pendant qu'elle le supplie de ne pas la laisser seule.

– Désolé, pas de nounou à disposition, et mon après-midi est chargé. Une activité vous manque, le moment semble venu de vous mettre à la méditation…

Réfugiée dans la bonnetière, Tosca déverse l'émeraude de son regard dans celui de son maître. David remercie la vie, ses ombres et les êtres qui veillent à ce que tout mute, se féconde, s'ajuste, s'équilibre et s'apaise.

Bar de la Marine, soirée du 6 avril

Pas d'Albina à l'horizon alors que l'heure du rendez-vous est largement passée. Des clients sortent du travail pour se rafraîchir dans une ambiance de bord de mer, alors qu'une chappe de plomb s'abat lentement sur David. Mais Pierre arrive accompagné de Fred, un ami journaliste au quotidien *La Presse vendéenne*. Fred fait son mètre quatre-vingt-dix, avec une bonne tête de judoka animée d'un regard noir et vif qui capture tout sur son passage. Voyant la minerve et la joue gauche tuméfiée de David, il s'exclame :

— Elle a fait fort, vous faites dans le sadomaso ?

— Que je vous raconte : l'autre soir, je suis intervenu auprès d'une femme malmenée par un mec. Inouï, le protagoniste a changé de cible et m'a rossé, tandis que la femme s'est mise à applaudir.

— C'est à vous dégoûter d'être bon !

L'hilarité éclata entre les trois compères qui aussitôt examinent le futur. Pierre annonce que le journal de Fred prépare la révélation d'une grosse affaire, mais il veut en savoir plus :

– Demain vous lirez dans la presse que des têtes de notre municipalité vont tomber !

– Quel en est le point de départ ? l'interroge David.

– L'assassinat du flic Lescaud. Sans ce meurtre, le trafic continuait… Pensez que ce simple adjudant avait un compte en banque des plus pourvus, et que sa villa de La Baule est digne de Beverley Hills. Le chef de la police pense qu'il était dans un réseau de narcotiques.

– Il devait surtout faire chanter quelqu'un qui a fini par se venger. Sa fiancée, Albina, devait être ici à dix-huit heures, elle pourrait nous en dire plus… poursuit David.

– Avez-vous des indices sur celui ou celle qui a écrasé Lescaud ? demande Pierre.

– La police examine les permis et emplois du temps des conducteurs aux voitures embouties, éraflées ou en réparation, l'informe Fred.

David s'aventure :

– Connaissez-vous le nom du patron du Rancho ?

– Un certain Manuel Santos, il n'est pas d'ici, je ne connais que le gérant.

– Je me suis laissé dire qu'il y avait un tripot au premier étage…

– C'est une blague, ça se saurait ! Mais un trafic de drogue est plus certain… dit Fred avec assurance.

– Hier soir, un habitué m'a confirmé le tripot.

– Attendez, c'était le secteur de Lescaud, il protégeait peut-être le tripot… Tu y vas souvent ?

– Non, hier soir c'était la première fois…

– Tu pourrais investiguer un peu plus ? demande Fred, mais Pierre intervient :

— Ce n'est pas à David de faire ton boulot, vas-y toi-même !

S'il apprécie ce geste, David accepte tout de même :

— Si j'ai la chance de retrouver le client d'hier soir, je veux bien tenter une incursion…

Engagé à la cause de David, Pierre lui conseille d'enlever sa minerve et de porter une casquette, tandis que Fred carbure sec et propose :

— Si tu pouvais faire deux ou trois clichés du tripot, mon journal t'en saurait gré…

— Tu ne penses quand même pas qu'on va me laisser faire des clichés du tripot !

— J'ai un mini appareil numérique qui fait des merveilles. Il se porte à la boutonnière et est relié à un interrupteur caché dans la poche. Je vais te l'installer et tu suivras mes instructions. Je cours le chercher !

Fred vole vers sa voiture, tandis que Pierre et David frémissent d'angoisse pour Albina qu'un aléa de taille a dû entraver, au point de renoncer au besoin crucial d'argent. Or, sans argent, elle ne peut aller loin. De retour, Fred installe l'appareil au revers du col de veste de David. Fin prêt, ce dernier file vers *Le Rancho*, tendu par le soufre de l'aventure. En route, l'angoisse le rattrape, broie son ventre et se dresse comme un drapeau avertisseur de danger imminent. Mais impossible de reculer pourtant. S'il veut gagner quelques pas sur l'engrenage d'événements qui cherchent à le mettre à terre, c'est dans l'antre du loup et de sa meute qu'il lui faut pénétrer. C'est là que tout se passe, c'est là que se cachent les arcanes de l'énigme… D'un seul coup, David ne sait plus rien, ses oreilles sonnent, il n'avance plus, il croit même avoir fait marche arrière. Il arrive aux abords de la chênaie, prend un sentier à droite, se glisse sous une futaie de charmes, respire, se détend et s'endort. Vingt minutes plus tard, il se réveille, se repère, sent son esprit apaisé, et redémarre.

Le Rancho, 7 avril

Vingt heures sont largement passées, il monte au bar du premier étage, son compagnon de la veille l'accueille comme un copain de longue date. David a la troublante impression que, même imbibé d'alcool, cet être est une sorte d'ange gardien. Le serveur lui dépose un triple Martini blanc avec glaçons et rondelles de citron nageant dans un verre givré à l'esthétique hypnotique. Derrière ce verre festif se cache la douleur palpable de l'homme rondouillard au regard voilé. David commande un Martini blanc avec citron et glaçons et demande à l'ange noyé de vapeurs éthyliques s'il s'intéresse aux *girls* en paillettes ou aux chanteuses. La réponse l'étonne :

– Non, ici je viens boire et jouer. Dans la vie, je suis notaire et je joue du piano. Mon modèle fut Samson François qui jouait génialement Chopin en état d'ivresse. Quant à moi, peu doué au piano, je le suis à la roulette en état d'ébriété avancée.

– En tout cas, vous assumez bien votre affaire…

— Mon métier m'a sauvé, et m'a permis de me noyer autant que je le voulais… pour rejoindre mon petit frère qui s'est noyé par ma faute.

— Incroyable, mais n'est-ce pas la même histoire qui est arrivée à Samson François ?

— Laissons cela et suivez-moi dans mon lieu de perdition et de rédemption.

Il entraîne David à l'extrémité gauche du bar où, après deux portes battantes, s'ouvre un hall. L'espace est gardé par deux malabars asiatiques entraînés au régime sumo. À la caisse, David décline son nom, présente son passeport et précise qu'il s'inscrira en tant que membre la prochaine fois quand des mains de fer saisissent ses épaules. En se retournant, il reconnaît l'un des sumos. Son ange gardien intervient et assure à tous qu'il est son ami. David pense qu'il n'y a pas de meilleur sésame que les sommes astronomiques laissées par le notaire pour faire lever l'interdit ! Son copain pianiste notaire ne lui a pas raconté de craques : ici on joue gros, les piles de jetons sont impressionnantes. Tout néophyte qu'il est, il saisit vite que la belle créature rousse vers laquelle le croupier pousse de sa pelle une quantité inouïe de plaques noires — butin des perdants — va sacrément augmenter sa fortune. Sur les conseils de Fred, David se place face au tapis vert et presse l'interrupteur du fond de sa poche. Un léger clic l'avertit que la photo est prise, et d'une ! Il change d'angle, toujours face au tapis vert et presse. Un clic discret résonne juste avant un charivari infernal venu d'on ne sait où. Est-ce l'un des sumos qui l'a à l'œil ? Ou bien Laz qui, après avoir slalomé parmi les clients avec son plateau de coupes au-dessus de leurs têtes, aurait-il décidé d'assouvir sa vengeance ? Deux gaillards aux faces atrabilaires s'abattent sur lui avec des poignes d'acier et le forcent à fendre la foule tandis qu'il tente de repérer des visages connus. Rien, pas l'once d'une aile d'ange. En descendant les escaliers, les deux brutes épaisses lâchent du lest pour éviter d'attirer les regards. L'un d'eux aboie :

— Le patron veut te causer, fais-pas d'histoire !

— On va prendre ta voiture. Ton adresse, c'est quoi déjà ?

Au moment de monter, Lazard arrive en criant :

— Attendez ! J'ai un compte à régler avec papa !

Alerté, David se retourne et s'abaisse à temps pour éviter le poing de Laz. Ses cours de jujitsu lui reviennent en quelques secondes et il enchaîne par un uppercut ciblé dans l'entrejambe du beau gosse enragé. Un cri de douleur suit et Laz s'affaisse dans l'herbe, tandis qu'un cerbère lui gueule :

— Tu l'as cherché ! Pour le moment il est à nous.

Le téléphone de l'autre cerbère vibre, il écoute attentivement, fait un signe du regard à son coéquipier qui assomme David d'un coup de matraque.

À l'Ombre des Dunes, Pâques, 8 avril

Les secousses d'une voiture roulant sur des chemins de terre le sortent de sa torpeur ou d'un semi-coma. Un soleil insolent l'aveugle tandis que sa soirée au Rancho remonte à sa mémoire : le notaire alcoolique, les deux sumos, Laz… Où a-t-il passé la nuit ? En plein mystère, se sentir vivant est capital. Sa tête tambourine et ses yeux remplis d'épines sont une atroce douleur. Il est conduit par un homme mal léché, mais celui assis à ses côtés n'est pas davantage un modèle d'empathie. Quand il ouvre l'œil, se dessinent des dunes, mais il doit aussitôt refermer ses paupières. S'il les rouvre le temps d'un éclair, il voit danser joncs et oyats sous le vent du large. C'est un petit choc joyeux qu'il tient à garder paupières closes, tant qu'elles forment un rideau sur le monde. Sa mémoire revient, c'est le jour de Pâques, jour de la résurrection de Jésus. Est-il sur sa voie ? Radouci, le conducteur se fait entendre :

— Sa bicoque est à trois cents mètres environ, un petit coin tranquille qui me plairait bien, avec plage à domicile… y a de ces putains de veinards !

— T'as qu'à lui demander de te coucher sur son testament ! Il en a plus pour longtemps… rétorque l'autre.

La voiture stoppe, les deux affreux tentent de sortir David dont le poids est mort. Une fois sorti, il s'écroule.

— Tu as dû y aller fort, il devrait être réveillé !

— T'en fais pas, je l'ai dérouillé comme il faut…

Traîné jusqu'à la porte, le corps de David repose au sol le temps de trouver la bonne clé. Les deux hommes de main entrent et reprennent leur charge qu'ils balancent sur le divan.

— J'espère qu'il va revenir à lui, sinon il faut s'attendre aux foudres du boss.

— T'inquiète Duchmoll, quand je cogne, y'a pas à y revenir. Passe-moi la corde !

David pousse un gémissement pendant que les deux barbares amorcent le ficelage des pieds, du torse et des mains. Avant de partir, fiers de leur mission, ils tiennent à se régaler du plaisir de le saluer. Le premier lui balance une casserole d'eau froide au visage, histoire de raviver ses esprits en disant :

— Remets-toi ! Le patron veut te parler et tient à ce que tu aies les idées claires.

L'autre, adepte d'une sémantique des plus sobres, lui crache :

— Adieu, connard !

Un silence tombal s'abat sur la villa ; durant quelques minutes la paix et l'effroi se confondent. Au loin, le ressac chante la vie toujours recommencée. Tosca vient s'installer sur son ventre, le poids de sa chaleur le réanime. Puis son cœur s'ouvre à l'immense bonheur de la savoir en vie, elle, fidèle par-dessus tout. Tout n'est pas perdu, une lueur transperce sa tête traumatisée. Il se souvient de Sonia ligotée dans la chambre d'amis. A-t-elle survécu à une éventuelle déshydratation ? Ou s'est-elle évadée ? Il l'appelle :

— Sonia, êtes-vous là ? Vous m'entendez ?

Le silence se réinstalle et se répand, plus lourd. Dévoré d'impuissance, David retente :

— Sonia, vous allez bien ?

Le silence à nouveau lui répond, un froissement de rideau gonflé par le vent occupe l'espace ; suit un léger grincement de porte, celle de la chambre d'amis…

— C'est vous, Sonia ? hurle-t-il terrorisé.

Des pas avancent dans le couloir, très éloignés des pas de libellule de Sonia, ils sont proches du pachyderme. Le souffle lui manque, l'effroi est à son comble ; impressionnants, les pas viennent vers lui. David avale sa salive, ruisselle de sueur, tend l'oreille à l'extrême, la porte du séjour s'ouvre, il s'écrie :

— Mais qui êtes-vous ? Montrez-vous à la fin !

L'homme se délecte à terrifier sa proie, il avance pesamment, ouvre la porte en grand, allume le plafonnier et se plante devant David. Ébloui, celui-ci ne distingue qu'un costume gris perle et les chaussures assorties d'un homme imposant. Sous l'effet de la peur et du déni, les synapses de David s'ankylosent, il referme ses paupières pour repasser sur l'écran de son cerveau épouvanté le visage du visiteur.

Fin de partie, 8 avril

Au prix d'un effort surhumain, David ouvre grand les yeux, se glace et reconnaît le boss.

— Je vous ai fichu une sacrée frousse, hein Morin ?

Le doute subsiste, c'est pourtant sa voix, son vocabulaire, mais il manque un détail, une espérance. Il cherche sur les traits de Belmonte, à la face lie de vin, un soupçon d'humanité, mais en vain. Comment peut-on en arriver là en si peu de temps ? David se racle la gorge, reprend haleine et se surpasse pour dire :

— Je ne m'attendais pas à votre visite, votre jambe va bien ?

— Ma jambe a toujours été en parfait état ! J'ai monté cette comédie pour que vous rencontriez ma femme. Vous aimez frayer avec la femme des autres ?

— Pourriez-vous me libérer de mes chaînes ?

L'autre fait mine d'ignorer la requête, retire une cigarette d'un étui d'or qu'il allume à la flamme d'un briquet rutilant. Ce cérémonial ressemble à celui d'un parrain habitué à régir le tempo du monde, puis David réalise que le patron de ses kidnappeurs, c'est lui ! Fichu truand sous ses airs de magnat de la publicité, il n'y a qu'un pas pour qu'il soit le patron du *Rancho*. Belmonte, se sachant hypnotique, rive ses yeux d'acier à sa proie. Fou du désespoir de s'être tant fourvoyé, David est exsangue. Un éclair de lucidité anime Belmonte :

— Je sais que je vous déçois, Morin, et vous découvrez que Santos, c'est moi !

— Je vous admirais tant. J'ai cru à la belle image du père, du patron qui détient la noblesse du pouvoir...

Silencieux, Santos songe à sa capacité de se dédoubler, bien tout en maintenant sa posture de protecteur et d'homme de confiance. De cette posture savamment étudiée, il en avait fait son fonds de commerce, mais s'était épuisé à se mouler dans une personnalité autre que la sienne. Sa vraie nature était le fruit d'une enfance laminée de souffrances qu'il noyait dans le bourbon depuis des décennies. Sa mère, complice de ses deux premiers amis, les laissa exercer sur son fils une barbarie des plus indignes. Par chance, le troisième le sauva en l'emmenant en Espagne, lui donna son nom et une bonne éducation pour assurer son avenir.

C'était sans compter sur l'impact du passé qui, comme une entité, punit les falsificateurs qui cultivent le déni. Il ne se dilue pas dans l'angélisme, l'alcool ou la violence. Robert Belmonte en était l'illustration pathétiquement vivante. Ses forces obscures longtemps bridées se sont mises à gronder pour torpiller ses tréfonds de l'incandescence d'un volcan. En survie, David se recentre sur son corps endolori et se connecte au ressac. L'immensité du monde s'ouvre à lui, il s'y engouffre dans une ogive blanc nacré. Invincible, Belmonte suit l'escalade de son mental qui ne vise que le matériel et l'ostentatoire, valeurs censées l'extraire de l'horreur de l'enfance. Il se racle la gorge, croise les jambes, cale ses reins au dossier du fauteuil Voltaire et égrène les fastes et les misères de sa vie :

– Vous ne pensiez tout de même pas que je devais mon train de vie à la PubliOcéane ?! Il y a trois ans j'ai acheté *Le Rancho* et me suis vite aperçu qu'une foule de dégénérés pleins aux as ne rêvaient que de s'encanailler, mater des filles en string, se doper aux alcools forts, piquer les femmes des autres et miser pour gagner plus.

– Monsieur, vous pourriez me libérer un brin ?

– Il vous reste peu de temps à souffrir... C'était pain bénit de vous voir arriver avec votre sang neuf ! Vous alliez dynamiser l'agence et par-dessus le marché, vous étiez suffisamment argenté pour me donner trois cent mille euros pour la succursale bidon de Berne. Oui, je vous ai bernés tous les deux, Richard Merle et vous !

– Permettez, monsieur, vous faites de l'argent une force qui vous échappe… et se retourne contre vous !

Mais Belmonte, alias Santos, n'entend plus les sages propos de son adjoint, l'arrogance de son ego boursouflé de blessures l'emporte, il surjoue sa dramaturgie. Les vannes sont ouvertes, le flot s'engouffre :

– Le motard tué, Paul Lescaud, avait pour mission de surveiller les routes dans le secteur du Rancho, d'arrêter les détenteurs de stupéfiants et les automobilistes sans permis. Les flics pensaient de toujours qu'au Rancho se jouaient de petites sommes comme au bistrot. Je me suis débrouillé pour que Lescaud cesse de faire des rapports à son chef et la boucle. Il n'a pas été déçu, mais pour payer sa villa en marbre rose, il a pris l'option « chantage ». Depuis six mois, tous les bénéfices de la roulette y sont passés. Saigné à blanc, j'ai dû puiser dans la caisse de l'agence pour que cesse l'enfer !

Le récit de Belmonte l'atteint à peine, David infuse son désenchantement dans un doux goutte-à-goutte. Il n'a que faire de ce faux génie de la publicité qui périclite ; mais diabolique, Belmonte poursuit :

– La seule façon de mettre un terme à l'entreprise de chantage, c'est de tuer le maître-chanteur.

– Monsieur, permettez-moi de vous dire que vous manquez de discernement…

– Morin, qu'auriez-vous fait à ma place ?

– Primo, je n'aurais jamais ouvert de tripot. Secundo, si je l'avais fait je l'aurais fermé à la première minute de chantage.

– Morin, vous êtes un sage à la vie étriquée, mais vous… David le coupa net :

– Entre une vie étriquée et la prison, je n'hésite pas un instant !

– Je n'en suis pas là ! Après avoir pompé dans la caisse de l'agence, je vous ai fait miroiter l'affaire de Berne et vous êtes tombés dans le panneau !

– Quel panneau, gros malin ? Votre sale orgueil vous aveugle ! Savez-vous si Sonia est là ?

– Sonia ? Cette ravissante idiote que j'ai eu la faiblesse d'épouser par amitié pour ses défunts parents ? Cela dit, elle a été parfaite : vous séduire, les leçons de conduite, vous emmener sur la plage pendant que j'avais rendez-vous avec Lescaud à la corniche pour lui remettre sa mensualité… C'est là que Lazare, frère de Sonia, est venu exécuter Lescaud, de dos. Sonia est remontée à temps de la plage pour passer sur le cadavre avec votre Toyota. Au fait, l'inversion des plaques minéralogiques était astucieuse, mais Lazare vous a capturé en plein délit. Là, j'ai su que je vous tenais !

– Pas si vite, vos crimes sont loin d'être parfaits !

– Comment ça ? Vous avez des preuves ?

– Vous avez semé des indices un peu partout…

– Aucune importance, j'ai toujours été au lit avec une jambe cassée et en ce moment, vous ne voyez que mon hologramme !

— Vous pensez que les flics se tournent les pouces ? Vous allez voir ce qu'ils vont faire de votre hologramme !

Dans le salon obscurci, la touffeur subtropicale est écrasante. Belmonte, lèvres rétractées, rive ses yeux de dragon à ceux de David. Un roulement de chars ébranle le ciel, la comtoise recadre les âmes égarées par six coups lugubres comme un tocsin. La dramaturgie s'intensifie quand le fracas de l'océan gémit par-dessus tout. David reconnaît son ami, s'accroche à sa puissance océane, tandis que Santos crache sa folie meurtrière qui suspend la beauté du monde :

— Morin, je vais tout vous coller sur le dos ! Je dirai à la police que vous avez tué Lescaud. J'oubliais : pendant que mes hommes vous ramenaient ici, je suis allé voir Lazare au Rancho pour le déposer chez lui, et je l'ai supprimé. Dans la nuit, Albina l'avait précédé, elle en savait trop. Idem pour Sonia, vous me l'avez servie sur un plateau ! Quand je l'ai vu ligotée et endormie, je l'ai étranglée avec l'une de vos cravates !

— Vous voilà donc avec le palmarès de l'ange exterminateur…

— Suffit, Morin ! La gueule d'ange c'est vous ! Mais les crimes à tiroirs, ça brouille les pistes…

Santos transpire comme un buffle, l'atmosphère est irrespirable. Furieuse, la houle court sur l'océan déchaîné, trois coups de tonnerre éclatent pendant qu'il sort d'une poche un gant de cuir noir qu'il enfile à sa main droite. De sa veste, il saisit un pistolet gros calibre, le pointe vers sa proie et dit gravement :

— Vous avez été un excellent collaborateur, Morin, mais je ne peux faire autrement. Vous ne souffrirez pas. Juste un coup dans l'oreille, ce sera immédiat. Balafré d'un rictus sardonique, il avance et lève le cran de sûreté. La sonnette retentit d'un coup, l'orage éclate et Santos sursaute. Il se ressaisit, s'approche de la porte pour écouter ce qui se trame. Trois coups nerveux de sonnette se succèdent. David l'avertit :

— Vous n'avez aucune chance.

— Pas un mot, je vous flingue en premier !

À pas feutrés, Belmonte/Santos repasse par le séjour pour atteindre la fenêtre ouest de la véranda protégée d'un épais rideau, d'où il croit mesurer la teneur des aléas. De son divan, un léger bruit alerte David. Suit le gonflement d'un voilage d'où émerge une silhouette souple et trapue. C'est le capitaine Marouani, pistolet MP5 au poing. Sans tarder, le policier aperçoit la large carrure du forcené qui tressaute à l'explosion du tonnerre. Des éclairs incendient les fenêtres, la foudre tombe sur le cèdre et le fend en deux. Marouani lance :

— Santos ! Les mains en l'air ! Lâchez votre arme !

La haute charpente d'un Belmonte ahuri s'ébranle, il tourne son visage cramoisi et tire sur le policier qui s'accroupit à temps. La balle s'installe dans la comtoise qui déferle de carillons assourdissants. Marouani riposte et envoie une décharge dans la tête de l'inoxydable Belmonte qui s'effondre. Les murs tremblent, un silence s'étend comme un linceul, puis un éclair zèbre le ciel et illumine la terre. La pendule lâche son dernier soupir, Tosca apparaît tandis que Marouani libère David de l'enfer :

— C'est sûrement la plus grande frayeur de votre vie ! Quel psychopathe ce Santos avec ses allures de grand patron aristo !

— Et vous n'êtes pas au bout de vos surprises…

D'un sourire entendu, Marouani s'éloigne pour contacter son supérieur. Avec lenteur, David s'extirpe de son cauchemar en massant ses chevilles et ses poignets ankylosés quand Pierre lui fait la surprise de sa présence.

— Pierre… mais que fais-tu là ?

— Je suis l'agent de l'ombre ! J'étais au Rancho quand j'ai vu les deux malabars t'embarquer, j'ai prévenu illico Marouani, peu surpris…

— Un sacré flic ! Allez dans la chambre d'amis, Belmonte m'a dit avoir étranglé Sonia, c'est vrai ?

Revenant d'une rapide inspection, Marouani fait « oui » de la tête et ajoute :

— Le tripot n'était pas une légende…

David porte sa main au revers de son col, dégrafe l'appareil miniaturisé qu'il tend au capitaine :

— Je confirme. Voici. Pourvu que je n'aie pas raté mes clichés attestant des piles de jetons amoncelées sur le tapis vert ! L'appareil est à notre ami Fred, journaliste à *La presse vendéenne.*

— Soyez rassuré, j'en fais copie et vous le rends aussitôt. Profitez du retour du grand beau temps, et je vous rejoins bientôt sur la terrasse.

Dans son fauteuil en osier, David redécouvre la vie dans la torpeur du rescapé, tandis que la magnificence océane lui paraît pressente et l'invite comme au premier jour du monde. Pierre dépose une bouteille de rosé, des amandes et des olives sur la table basse. Un peu crispé, il finit par exposer le sujet de son inquiétude : la disparition du boss signe-t-elle l'arrêt de la PubliOcéane ?

— Je vais racheter l'affaire, annonce David. Cette épreuve a du bon, et nous allons faire des étincelles !

— T'es un super mec… c'est le rêve de travailler avec toi ! Quant à ce fou furieux, quelle déception !

— C'était un Janus mégalomane, mais surtout une personnalité dissociée, tout vient de son enfance.

— Il n'est plus possible de demeurer béotien. Je suis avec les Grecs anciens en ce moment… j'avoue que philo et psycho sont des cousines qu'il me tarde de rencontrer plus avant !

L'enthousiasme d'un Pierre engagé sur la voie de la connaissance de l'humain surprend David qui finit par éclater de rire ; mais aussitôt il hurle de douleur, son corps meurtri n'est pas encore prêt pour les secousses de la joie.

— Aïe ! dit Pierre. Buvons à ta résurrection, à celle de l'agence, et que le boss trouve enfin la paix au pays des étoiles !

— *À toute chose, malheur est bon*, dit le vieil adage, mais sache qu'il a été un enfant martyr.

— Ah bon ?!

Pierre quitte l'appui du fauteuil, s'arc-boute des pieds et, le cou tendu, se sent prêt à respirer le parfum brutal de la vie :

— Faut-il comprendre que les *serial killers* et autres barjots sont des abusés de l'enfance ?

— Hélas ! Très souvent. Peux-tu me passer les amandes et me servir du rosé, mon bon Pierre ?

— Buvons à la chance de n'être pas trop tordus ! C'est la première fois qu'après un désastre, je glisse aussitôt dans l'enchantement…

— C'est un bon point, ce qui voudrait dire que tu t'aguerris des aspérités du monde...

L'énergie intacte, Marouani les rejoint :

— J'ai deux nouvelles : tout d'abord, votre cèdre, qui était trop proche de votre villa, a été élagué du bon côté par la foudre !

— Mais quelle vision optimiste, Capitaine !

— Quand la vie est ingrate, cultivons le versant ensoleillé… Secundo, le gérant du Rancho et ses sbires ont été arrêtés. Monsieur Morin, on vous débarrasse sous peu des deux cadavres afin de vous assurer une nuit des plus sereines. Avant, j'appelle votre médecin, et vous attends demain à onze heures à la gendarmerie.

Gendarmerie des Sables-d'Olonne, 9 avril

Sous le regard intense du capitaine, David raconte l'engrenage insensé dans lequel il s'est engouffré :

— Passées les premières leçons de conduite fort ennuyeuses avec madame Belmonte, et loin d'imaginer que j'entrais ainsi dans une tragédie grecque, je pense être resté pour m'exalter d'amour… Quelle sottise !

— Mais, malheureux ! Avec la femme de votre patron, ça sent l'Œdipe à plein nez tout ça ! Et la vue bouchée, vous n'avez pu imaginer la manipulation autour de l'argent ?

— Comment imaginer Belmonte aux abois ? Et puis je croyais en son esprit libéral, en son éthique…

— L'éthique il s'en foutait : il était addict à l'argent ! Et vous avez cru en son projet de Berne ?

— Bof, Richard Merle était plus emballé que moi.

— Je le convoquerai. J'imagine qu'il n'y a pas de testament pour la PubliOcéane, ni pour *Les Albizias*…

— J'en doute, je suppose que la vente des Albizias et du Rancho suffira à éponger ses dettes et à renflouer les caisses de l'agence, puisqu'il m'a confié avoir puisé dedans durant six mois.

— Par mise en adjudication, et sans héritiers, les repreneurs vont affluer, mais vous êtes prioritaire.

— Certes, mais la procédure va traîner…

— Avec l'appui de la procureure, la liquidation devrait vite se régler, et sans interrompre vos activités.

— Vous ne m'accusez pas d'avoir fait entrave à l'enquête ?

— Non, votre rôle de sous-marin nous a été utile, et nous savions dans quel pétrin vous étiez ! Une fois retrouvé le portable de madame Belmonte sur la scène de crime, nous avons gagné un temps fou. N'en dites mot, mais je suis au mieux avec madame la procureure…

David pouffa sans savoir à quel degré se situait le « au mieux », mais il apprécia l'humour du capitaine et le risque qu'il prenait avec une telle boutade. Le climat permit à David de poser une question brûlante :

— Capitaine, pardonnez-moi, la police me semble avoir bien évolué ; vous formez-vous en psychologie criminelle ?

— Exact, et reprendre des crimes non élucidés avec les moyens actuels, c'est du pur bonheur...

— Madame la procureure se forme-t-elle aussi ?

D'ordinaire impénétrables tels ceux d'un joueur d'échecs, les yeux noirs de Marouani s'écarquillèrent. David y vit un brin d'affolement suivi d'un halo de tendresse. À n'en pas douter, le capitaine était pris dans les filets de Cupidon, mais il rebondit :

— En plein dans le mille ! M'engager dans le labyrinthe de la psychologie m'a paru une folie, mais une force aimante et rassurante a brisé tous mes complexes !

David songea aux amours tardives où le cœur et l'esprit reprennent l'ordre des choses, et font que l'érotisme se tisse à l'ivresse du savoir. Marouani l'étonna encore :

— La psycho fait ratisser large ! Dans votre histoire, il est possible qu'un nœud freudien vous ait mené par le bout du nez.

— Qu'entendez-vous par là ?

— La figure d'autorité du boss un brin paternel qu'affichait Belmonte a pu générer un fantasme de rivalité inconscient vous conduisant à lui piquer sa femme : transposition inconsciente de votre mère sur sa femme…

— Pas mal, Capitaine ! Et donc Belmonte aurait lu dans mes pensées, au point de me servir mon fantasme et ma frustration maternelle sur un plateau ?

— Lui et sa raison, sûrement pas, mais d'inconscient à inconscient, ça fonctionne mieux que le téléphone arabe !

— Franchement, Capitaine, vous êtes trop fort !

À ces mots, les deux compères éclatèrent de rire. C'était si franc, dénué de tout jugement, qu'une suite amicale allait couronner leur relation. De retour en son logis, David trouva Tosca alanguie sur la table de la véranda, comme méditant sur l'ère nouvelle pressentie par ses antennes.

À l'Ombre des Dunes, 10 avril

Sous la houle caressante venue des confins du monde, il ressuscite. Aux embruns iodés et senteurs de pinèdes chauffées, le large l'embarque dans des rêveries drapées de brumes de chaleur. Par à-coups, l'euphorie le visite et remet en place des morceaux explosés de lui-même, comme avant, ou peut-être mieux. Lui qui avait toujours eu l'inspiration vagabonde, souffrait de blocages depuis trois ou quatre mois, ce qui fracturait le flot de sa créativité. Chaque arrêt était un choc qui ralentissait son flux vital, d'où son besoin d'espace. Se pouvait-il que le phénomène se soit modifié durant la bataille ? Jeudi, David prendra ses fonctions de directeur par intérim de la PubliOcéane. Ses idées sont claires, il a trouvé un double logo pour lancer une ferme bio spécialisée en produits riches en silice issue d'orties. L'un des produits phare est alimentaire et vise le renforcement des cartilages, l'autre est un fertilisant naturel. Seul maître à bord, il se demande s'il a l'âme et la carrure d'un chef. Il le sera à sa façon, ni paternaliste à l'ancienne, ni moderne au vernis brillant toujours dans le coup. Il se voit plutôt en éveilleur, catalyseur de talents, une sorte de chef d'orchestre à l'écoute. Après cette mise à jour, il va se rafraîchir dans les flots, revient sur sa dune et s'endort sous le ciel céruléen, couleur délicate convenant à son état.

Plus tard, deux ombres chevauchent ses hanches et le hérissent. Il ouvre un œil et voit deux longues jambes de femme gainées de toile blanche. Qui est cette amazone ? Ses yeux brûlent. Il doit recourir à son collyre antibiotique, s'injecte une bonne dose dans chaque œil, puis, la main en visière, s'inquiète de la visiteuse : il reconnaît Patricia, la secrétaire de l'agence.

— Mais qui vois-je ?! Assieds-toi…

— David, je dois te parler, j'aurais dû te dire combien Belmonte était dangereux...

— J'ai été aveuglé par sa prestance, et toi, tu…

— Brillant et stratégique en affaires, son intelligence diabolique a fini par le dépasser, même si j'ai tardé à l'admettre… C'était effrayant, j'étais au front pour voir tout le déploiement de l'ordure qu'il a été.

— C'est quoi l'histoire ?

— Dès son arrivée aux Sables, j'en suis tombée follement admirative et amoureuse, mais il m'avait caché qu'il était marié.

— Tu as été la maîtresse de ce monstre ? C'est l'histoire de *La Belle et de la Bête*, un classique en somme !

— Ton humour est un baume et je te félicite pour ton apport créatif à l'agence. Sans toi, le bilan serait déposé depuis six mois.

— Tu es donc aussi impliquée, ou tu exagères…

— À peine, il était dévasté par des trucs louches… Bref, j'ai été sa servante aimante, son exutoire, son pantin. Orpheline de père à six ans, je cherchais un substitut qui veuille bien me reconnaître, m'apprécier et m'aimer…

– Cela a fait de toi une secrétaire zélée à la mémoire d'éléphant, mais que dirais-tu d'une formation comptable pour l'agence ?

– J'adore les chiffres et le droit, c'est d'accord !

– Je l'annoncerai à l'AG. Raconte-moi la fin.

– Il a refusé ma démission, l'enfer a continué. J'ai entamé une thérapie, mon psy m'a dit que j'avais cherché la reconnaissance auprès d'un profil qui ne peut reconnaître l'autre : le pervers narcissique.

– Celui qui jette le chaud et le froid en alternance : compliments/reproches, cadeaux/humiliations… ?

– Tout à fait ! Et toi, que s'est-il passé ?

– J'ai été hameçonné par sa femme.

– Tu n'étais plus que l'ombre de toi-même, j'aurais dû me douter qu'il se tramait des choses...

– Nous avons été des enfants ignorants aveuglés par le vernis des « grands » !

– Il avait les armes du grand seigneur…

– Avides de modèles, nous prenons pour des saints ou des puits de sciences de pauvres adultes englués dans les marécages de l'enfance…

– Dans mon groupe d'ornithologues, je renais à chaque percée… à l'aube ou à la tombée de la nuit, dans les odeurs acres, résineuses ou vertes qui ramènent à des sensations primaires. Les oiseaux m'ont sauvée…

– En plus de ton psy… sur quoi te fait-il travailler ?

– La perte de l'estime, le but du pervers abuseur étant de conduire sa victime au dégoût d'elle-même.

– Sais-tu qu'il t'a fait subir ce qu'il a lui-même subi enfant ?

– Mais non, comment le saurais-je ?

– La toute-puissance de son ego s'étant forgée pour masquer ses failles, tu ne pouvais pas savoir.

– Mais alors, la construction du grand seigneur cachait l'horreur ? La psychologie devrait être enseignée dès l'école primaire ! Cette lacune nous envoie tous au casse-pipe !

– Très juste ! Je suis ravi que tu sois tombée sur un psy structurant. Tiens, je lis *Les Rêveries d'un promeneur solitaire* de Rousseau. Lui aussi a trouvé son antidote aux saturations humaines et aux amours dévorantes… dans la nature. Veux-tu rester dîner ?

–Merci, j'ai une invitation. Demain soir si tu veux ? Je pourrai venir avec mon Akita japonais ?

– Bien sûr ! Comment s'appelle-t-il ?

– Mozart, il est blanc comme neige.

– Ma féline Tosca est noire comme l'ébène…

Couché tôt, il refiltre l'histoire de Patricia, terrifié par l'ampleur des dégâts perpétrés par tous les psychopathes du monde. Pourtant, l'empathie le gagne : n'ont-ils pas été, avant tout, des enfants bafoués qui n'attendaient que tendresses… ? Impuissant, il revient à Patricia qui l'a échappé belle en entrant dans la Ligue de protection des oiseaux, y renforçant son instinct de vie, tandis que son psy démontait en parallèle le processus qui enchaîne une proie à son chasseur. Apaisé enfin, David s'endort sur la belle image de son amie en pleine résilience.

À l'Ombre des Dunes, 11 avril

Dix-Neuf heures sonnent l'arrivée de Patricia et d'un Mozart aussi blanc que Tosca est noire. Sans perdre un instant, Mozart met sa truffe en action dans tous les recoins ; à la bonnetière il s'arrête. Une présence inconnue le retient, il entrouvre la porte, inspecte le contenu et découvre le miracle du coup de foudre. L'immédiateté de leur complicité étonne leurs maîtres qui envient la sûreté du flair et l'aptitude au lâcher-prise qui leur ont tant fait défaut. Le climat est à l'unisson, le passé cède la place au présent, et le futur devient léger. David annonce :

– Ce sera le dîner de la résurrection ! « *Puisque le bonheur revient toujours après la peine…*[3] »

– Ainsi, il aura fallu ce drame pour découvrir que nous avions des affinités...

---

[3] Lauréanne Harvey.

— Nos épreuves sont nos rituels de passage, sans elles, nous n'avancerions guère…

— Je suis bien d'accord, mais la clé, l'élan, l'éclair qui orientent vers la sortie ne sont pas des évidences.

— À chacun son labyrinthe et sa voie initiatique…

— Je peux te parler de mon lien aux Esprits de la Nature ?

— Bien sûr, je parie que les oiseaux t'ont reconnectée à l'esprit sauvage et au céleste…

Patricia découvre son collègue-ami, porteur de valeurs stables mais aussi mouvantes et inventives… rien de stalinien comme Robert. D'un coup, elle réalise que son histoire n'a été que mystification. Elle d'un côté, obsédée par l'idolâtrie du père ; lui de l'autre, galvanisé par l'omnipotence que lui procurent les faibles, les naïfs et les mendiantes de l'amour. Comment s'être laissée berner et laminer par un tel monstre !? Révoltée contre elle-même, l'envie de se vomir l'étreint. Son regard s'accroche à la nappe blanche où le couvert étincelle. Le blanc l'apaise, la ramène à l'instant présent. David remplit les coupes, alors elle pose une dernière question :

— Je me demande toujours pourquoi Robert courait ainsi après l'argent jusqu'à se perdre.

— L'argent et le sexe sont deux valeurs de pouvoir et de puissance vénérées du psychopathe mégalo. Jouer les seigneurs fortunés quand on est de la race des truands représente un pouvoir de domination vertigineux.

— N'est-ce pas par compensation d'un manque culturel, social, ou autre ?

— Pas que, une faille narcissique est très intime ; au sein d'une grande famille, les enfants ne sont pas égaux en assurance et en épanouissement.

— Très juste, si l'un des enfants n'est pas apprécié comme les autres, par comparaison, il cultivera une béance…

— Hélas ! L'inverse est aussi vrai. Le cas du faux médecin Jean-Claude Romand en est l'illustration. Il travaillait bien à l'école, faisait la fierté de ses parents, et comment leur dire plus tard qu'il avait échoué en médecine ? Sa solution fut de masquer sa honte d'avoir failli. Il a tenu le coup vingt ans, et tu connais la suite…

– Le manque est donc plus facile à repérer, alors que survaloriser un enfant est écrasant, un piège terrifiant pour lui !

– Je te parie que ce malheureux Romand réparait sans le savoir la faille narcissique de ses parents.

– Tout repose sur cette valeur intime reconnue ou défaillante... et transmissible de génération en génération.

– Ce peut être subjectif, crois-moi Patricia, fions-nous à la force de notre regard intérieur, seul habilité à sonder notre valeur narcissique !

– C'est si fondamental… Pourquoi les parents ne s'éduquent-ils pas à l'altérité, au respect de la singularité de chaque enfant ? Vont-ils errer encore longtemps ?

– T'inquiète, les psychologues retroussent leurs manches !

Cette mise au point leur a donné des ailes. Les arpèges de Couperin ajoutent une frénésie telle que David bondit à la vue du couchant sur le visage de Patricia :

– Ne bouge pas ! Quelques clichés pour marquer ta renaissance, en écho à l'Italienne. Comment n'avoir pas remarqué plus tôt ton visage digne d'un Botticelli ?

– J'étais si éteinte… c'est un aphorisme de Churchill qui m'a fait rebondir : « Le succès c'est d'aller d'échec en échec sans perdre son enthousiasme. » J'en ai fait mon mantra.

Le clavecin vivace et romantique célèbre le dépassement des deux rescapés, et de Tosca capable de dormir au creux de la queue enroulée du galant Mozart. Sous la voûte astrée, ils marchent pieds nus sur le sable mouillé avec Mozart. Tosca, juchée en majesté sur l'épaule de son maître, hume l'air du large à pleins poumons. À la densité de leurs pas s'écrasent les dernières traces d'un vécu naïf pour que s'affirment les désirs d'un futur exigeant.

Paris, premiers jours de mai

Invitée pour son anniversaire par ses deux cousines qui désespéraient de la recevoir dans la capitale, Patricia est là. Après plusieurs refus, elles en avaient déduit qu'une relation suspecte devait en être la cause. À l'âge où la vie n'est qu'explosion, Patricia ne mordait pas la vie à pleines dents. Au lendemain de sa soirée chez David, elle avait jeté sa honte de victime et s'était empressée d'accepter l'invitation.

Les deux femmes mènent une existence intéressante et joyeuse. Sur place, elle leur conte l'enfer que lui fit subir son patron avec un sens de l'ellipse stupéfiant, sans oublier l'épilogue du macabre destin de Robert Belmonte. Les trois cousines terminent leur déjeuner aux fruits de mer à la brasserie *La Lorraine*, place des Ternes, quand un homme les aborde tout en les priant d'excuser son intrusion. Il souhaite les inviter à prendre un verre, ici ou ailleurs. Charmées par l'homme racé et galant, elles acceptent et l'une d'elles propose *L'Alsace* des Champs-Élysées.

– De la Lorraine à l'Alsace, il n'y a qu'un pas ! dit-il en ouvrant les portières de sa décapotable. Je suis Carl Delvaux, marchand d'art, et peintre à mes heures perdues.

Assis à l'une des terrasses de la plus belle avenue du monde, ils regardent les touristes circuler, ravis de baigner dans un Paris souriant aux senteurs hybrides. La saison sollicite les sens, c'est le moment d'identifier les odeurs. Les uns reconnaissent le pétunia, les autres optent pour le lys ou le muguet, puis un flou s'installe. La cousine Rebecca, professeur de tango argentin, a ses idées sur le pouvoir de leurs variations :

– C'est curieux l'exigence que nous avons d'être au plus près d'une essence. Chez moi, c'est maladif, je ne peux rester sans savoir…

Carl rebondit :

– C'est vrai, notre harmonie intérieure peut en dépendre… Ces parfums de vie ravivent nos mémoires, comme des messages subliminaux…

– Ornithologue en herbe, je suis imprégnée du pouvoir des essences qui m'ont sauvée ! s'écrie Patricia.

– Elles stimulent la sensorialité, les mémoires pures, jusqu'à capter les messages de nos décédés… intervient Julia, coach en psychologie appliquée.

Soudain, une vague piquante les terrasse, mais émoustille Carl :

– Nous sommes cernés par la giroflée !

– Sa pointe aiguë de départ, poivrée en final, oui… applaudit Patricia. J'ignore vos talents de peintre, mais vous avez du nez ! Bravo !

– À ce propos, auriez-vous une photo de vous ? J'aimerais réaliser votre portrait ; à moins que vous ne passiez demain à mon atelier, si vous-en êtes d'accord ?

— Bien sûr, quel sera votre prix ?

La question déclenche un fou rire chez Carl :

— C'est moi qui devrai vous payer pour les heures de pose.

Aimanté par le visage pailleté d'or, il retient son trouble et lui tend sa carte :

— Vous êtes un Botticelli vivant. Un rendez-vous à dix heures demain, est-ce possible ?

Elle accepte et songe à l'évocation botticellienne de David… Le lendemain, exacte au rendez-vous, Carl exécute avec ardeur un portrait de Patricia. À treize heures, elle finit de s'éprendre de l'artiste et de ses yeux aux éclats d'argent qui lui rappellent Robert ; mais elle se ravise, ceux de Robert n'étaient qu'acier destiné à broyer. Chez Carl, le regard inspire des songes étoilés, des clairs de lune dans les bosquets un soir de fête. Elle aime les huîtres, il l'emmène au restaurant *Le Congrès Auteuil* et lui propose de la ramener en Vendée d'ici deux jours. Elle appelle David pour prendre des nouvelles de Mozart et lui adresser sa requête. David lui accorde une prolongation, à condition d'être présente le 7, jour du CA. Elle n'y croit pas, le monde s'élargit de jour en jour. C'est une sortie de prison invisible dont les murs viennent de s'abattre pour que se tendent vers elle les bras d'un gentleman des plus séduisants. C'est le choc inattendu, inespéré, le plus sublime de sa vie. Elle aime tout de lui. Sa virilité flegmatique, son intelligence précise et raffinée, et même son lieu de vie arboré, face à l'hippodrome d'Auteuil, aux buissons foisonnant de fleurs blanches.

Cap sur la Vendée, 5 mai

Ils roulent sous l'azur intense, reflet de leur avenir. Patricia ne s'est jamais sentie aussi libre et protégée à la fois ; pourtant elle se voudrait plus légère et déguster le gâteau fabuleux de ses vingt-cinq ans. Une petite amertume gâche son bonheur, et la frontière entre lui et son contraire est si poreuse. L'autre soir, chez David, lors de leur dîner musical, tout lui paraissait simple ; sans doute parce qu'ils sortaient du même bateau, et qu'avec un ami tel que David, la solidarité affective n'était pas un vain mot. Près de Carl, elle va apprivoiser la vie, elle-même et les autres. Elle ajustera le frémissement de son intime aux émotions débridées de l'extérieur. Elle déteste se sentir à part, être issue de l'école de feu Robert où elle entra sans prérequis, pour finir fracassée. Le passé lui colle à la peau, absorbe ses forces. Un éclair la délivre : elle va se remettre au sport, – planche à voile ou surf – et redonner cohésion à la globalité de son être.

De son côté, habitué à croiser les beautés qui hantent les musées du monde, Carl demeure foudroyé par son visage à la grâce séculaire surgi d'une brasserie, un jour de fête du muguet. Les hasards et les mystères de la vie l'intriguent. Il aime ses yeux verts en amande, sa chevelure d'or cuivré, ses longues jambes, sa jeunesse posée, ses remarques réfléchies qui laissent à penser que l'insouciance n'a pas vraiment bercé son enfance. Il revoit sa vie sentimentale émaillée de conquêtes faciles, et sait que sa vraie conquête sera de se connaître mieux. D'une auberge ombragée, Patricia téléphone à David, son nouveau patron, signe que le monde se renverse. Elle est en route avec son chevalier servant. David lui annonce que son Akita japonais se porte à merveille, mais va subir un coup de blues dès que sonnera l'heure de la séparation avec Tosca… Elle sourit, estime arriver vers vingt heures. David propose de les garder à dîner, en précisant qu'il ne sera pas seul. Elle ne s'étonne pas, sa voix était si langoureuse, alors elle lui chantonne :

— « Y'a d'la rumba dans l'air, le costume de travers… » Dis donc, tu ne perds pas de temps dès que j'ai le dos tourné !

— Tu n'as pas perdu le tien non plus !

Une cascade de rires ébranle les smartphones, et Patricia ajoute :

— Qu'est-ce que ça m'a fait du bien d'avoir largué ce grand souk au loin… Je suis dans l'irréel !

Les huit coups du soir carillonnent à la comtoise requinquée quand les voyageurs pénètrent la villa. Mozart s'élance vers sa maîtresse. Carl se présente en tendant un champagne glacé. Une jolie femme à la chevelure auburn les rejoint sur la terrasse et chacun prend son espace. Carl la reconnaît :

— Le monde est bien facétieux : impossible de vous joindre à Paris, alors que vous voilà en Vendée !

— Notez que nous sommes sur la Côte de Lumière !

— Tout s'explique ! J'ai rencontré madame à son cabinet de psy. En trois séances, elle m'a permis de mettre remords et culpabilité à plat ; j'en ai conservé quelques-uns, les autres je les ai passés par-dessus bord. Ensuite, j'ai croisé un ange… C'est dire que le paradis existe sur terre !

David remplit les coupes en proposant de fêter le présent et d'espérer un avenir serein :

— Aux métamorphoses de l'amour et du monde !

Sur la terrasse, les dernières scories se noient dans le ressac et la flamboyance du couchant glorifie la vie. Dans un coin, Mozart et Tosca enlacés offrent la plus belle façon d'incarner la paix et l'amour.

TROISIÈME PARTIE

Auteuil, 8 mai 2012

Gill acheta à Luigi un Relais & Châteaux aux abords de Paris, mais les travaux de restauration durèrent trois mois. Grant terminant son immersion bouddhiste fin avril, il fut entendu qu'il prêterait main forte à Luigi. En mutuelle sympathie, chacun allait réaliser son rêve intime tout en faisant œuvre commune. Dès son ouverture le 1er mai, le Relais retrouva un nouveau dynamisme tout en conservant son lustre d'antan. Le défi relevé avec classe et brio amena très vite la clientèle, et il fallut recruter du personnel. En mémoire de son mari, Gill renonça au label prestigieux pour l'appeler simplement *Le Clos d'Alexandre.* Elle avait pris possession de l'appartement avec vue sur l'hippodrome d'Auteuil, cadeau d'Alex à l'Île Maurice. Ce serait son havre, mais aussi un prolongement troublant de cet époux qui, en plein océan Indien, était devenu aussi coulant et goûteux que du miel.

Après avoir dormi à Auteuil durant trois mois, Luigi apprécie les espaces verdoyants et fleuris du Clos. Sa chambre s'ouvre sur une immense pelouse au sud où s'étale la majesté d'un cèdre du Liban. Lui-même s'étonne de s'être aussi vite enraciné en ces lieux, et sa créativité de chef est incessante. À Auteuil, deux allées mènent à la route des lacs et au quartier de la Muette. Tilleuls, marronniers, charmes, buissons fleuris et autres essences en font un lieu privilégié pour cyclistes, amateurs de skate, promeneurs de chiens, d'enfants, sans oublier les poètes.

Gill vient d'acquérir une petite chienne blanche de race Spitz japonais, Alexa. Superbe et vive, elle raffole de jouer sous les frondaisons avec ses copains, petits et gros. C'est un rendez-vous de races diverses où les maîtres découvrent le bonheur de leurs progénitures à se socialiser. Hélas ! Certains êtres restent hermétiques à cet appel de l'inconnu qui relance le goût de l'éveil et celui de l'autre, autant chez l'animal, le végétal que l'humain. Cet impalpable où naissent l'audace, la flexibilité, la respiration, l'échange, et tous ces riens qui alimentent le vivant. Pour Gill, c'est la révélation. La frénésie naturelle d'Alexa l'invite à mieux vibrer à la nature et aux bonheurs simples. Par elle, elle retrouve l'ingénue volupté de l'enfance, quand elle imaginait que des rivières de pétales roses coulaient au fond du parc de la maison de Sceaux.

Un matin, à l'entrée de l'immeuble, Gill croise un homme qui ressuscite le fantôme d'Alexandre, à une nuance près. Son regard a des éclats d'argent, alors que dans celui d'Alexandre fleurissait le myosotis. N'est-ce pas le marchand d'art évoqué par Jack, le jardinier de la copropriété ? La boîte aux lettres au nom de Carl Delvaux l'intrigue : un lien de parenté serait-il possible ? Hébétée, elle monte se servir un Martini, et le désir fou d'Alexandre la foudroie. Mille sensations refoulées l'assaillent, elle trouve le téléphone de Carl Delvaux et l'appelle pour l'inviter à prendre un verre. Le soir même, il arrive comme échappé d'une île radieuse, et apprend à Gill qu'il est le demi-frère d'Alexandre. N'étant pas de la même mère, ni de la même génération, ils se sont peu connus, puis Alex est parti aux USA. Leur père a fait don à chacun d'un appartement. Si Carl occupe le sien depuis longtemps, Gill est galvanisée par la situation nouvelle : appartenir au clan Delvaux la reclasse dans son veuvage.

Plus il parle, plus elle bascule dans le passé d'Alex. Un début de tragédie monte en elle, avec le besoin fou de conquérir les pans échevelés de sa vie fauve. Par un phénomène d'osmose, la reviviscence de la vie brisée d'Alex devient son cheval de bataille. Elle s'y plonge de manière sensuelle et mystique, et qui d'autre que Carl peut cristalliser un tel défi ? Sa mission devenue possible, elle poussera au paroxysme ses désirs posthumes et ceux qui bouillonnent d'actualité. Des impératrices et autres messalines ont abordé la question sans ambages ; de mémoire il lui revient qu'Agrippine – alias Messaline, troisième épouse de l'empereur romain Claude, mère de Néron et de Britannicus – fut célèbre pour ses orgies scandaleuses. Subjuguant, Carl lui raconte ses voyages, loin de se douter que Gill lui prépare de l'inédit. Sa peau hâlée, ses muscles frémissants ne sont que concupiscence, c'est alors qu'à sa sueur mâle ils seront soudés. Il sera le maître qui l'initie aux ébats dont elle fut exclue. Comblée, elle s'abattra d'extase, se damnera encore pour capter l'éclat de ses yeux où se glissera un champ de myosotis. Chaque séquence rabotera l'étendue de ses amours manquées jusqu'au sanglot final. Point d'orgue aux affres du passé.

La Grande Cascade, 10 mai

Deux soirs plus tard, elle invite Carl à dîner à *La Grande Cascade,* restaurant gastronomique situé au cœur du Bois de Boulogne. N'ayant pas toutes les cartes en main, elle avait dû l'amadouer. Quelques jours plus tôt, remontant la rue d'Auteuil, elle l'avait vu entrer au Congrès Auteuil avec une jeune beauté au blond vénitien. Mais elle était passée outre, se voulant invincible.

Le dîner s'étire dans un décor princier qui suscite la montée de désirs fastueux. Gill n'a aucun doute, Carl sera un bon amant, et il est plus que probable qu'Alexandre l'ait été aussi. Les instants forts de l'île Maurice défilent, en particulier celui où il avait baptisé ses larmes « les perles du monde ». Ses manières drastiques avaient été balayées par des rondeurs généreuses qui la plongeaient dans une gratitude éternelle. Mais était-ce bien le lieu pour évoquer Alexandre ? Elle craqua :

— C'est idiot, mais Alexandre m'a peu parlé de votre père ; qu'auriez-vous de particulier à me dire ?

— Peu de choses, notre père a commencé par une petite PME traitant les métaux, ce fut l'époque d'Alexandre. Je suis né quand il prit son essor d'industriel fabriquant des rails à l'échelle internationale. Là, tout a changé : standing, femme, relations, etc.

— Malgré tout, c'était un papa disponible ?

— Il l'a davantage été dans sa première vie, du temps d'Alex. Par la suite, ses chantiers l'ont mené en Inde, en Afrique, aux Amériques. Ma mère et moi l'avons suivi, puis nous avons cessé pour ma scolarité et la santé de ma mère, affaiblie par le climat équatorial. Je crois devoir à mon père le goût du travail hors frontières…

— Idem pour Alexandre. Vous avez des enfants ?

— Je pense n'avoir pas encore atteint la maturité nécessaire. À la cinquantaine, j'aviserai…

— Quelle sagesse d'avoir résisté à la prolifération des égarés de ce bas monde !

Il la trouve divine, son beau rire résonne comme l'antichambre de l'amour, sa sensualité maîtrisée fait sa classe et taraude ses sens, mais il poursuit :

— Ce non-engagement est un engagement de contre-pouvoir envers la misère. Dès l'âge de cinq ans, j'ai été atterré par la vision de groupes d'enfants affamés et sales tant en Inde, qu'en Amérique du Sud ou en Afrique. J'avais leur âge, et l'indignité dans laquelle ils vivaient m'avait scandalisé et meurtri, comme une atteinte à ma personne.

— Mais quelle maturité pour un jeune enfant ! Et quel constat lamentable des consciences engluées au point de ne pouvoir envisager plus large et plus haut pour les générations à venir…

— Vous saisissez. Pourquoi procréer de la misère ? Et à quoi pensent les hommes ?

Édifiée par l'enfant-observateur-acteur qu'il fut, Gill se trouve insignifiante. Les orientations de Carl ne sont pas issues d'une enfance dorée, mais du terreau de la misère, fondateur de valeurs essentielles pour l'humanité. Il lui apprend qu'il est responsable de centres d'accueil et d'éducation pour les enfants orphelins de catastrophes naturelles et du sida. La fondation Villages de l'urgence s'étend sur deux continents. Pour le moment, Carl est concentré sur l'Afrique australe, le Zimbabwe ; bientôt s'ajoutera le Costa Rica. Les trois Villages de Bindura, Waterfalls et Bulawayo sont une vaste entreprise à perfectionner au long cours. Il vient de faire don d'un million et demi d'euros à chacun, fruit des droits d'auteur de ses trois livres d'art.

Ils quittent *La Grande Cascade* portés par une complicité aussi indicible qu'évidente. En elle coule le nectar de la pâmoison en filets unifiants. Pour lui, Gill est là pour sublimer son aventure intérieure : ils se ressemblent en partie, une telle proximité le surprend et le galvanise. De retour chez elle, oublieux du visage botticellien, il se laisse incendier par la brune Berthe Morisot, et lui fait l'amour comme un dieu. En extase, elle poursuit dans la lignée des *Contes des mille et une nuits* qui l'initient à assumer ses ambivalences, ses oppositions et autres incohérences. Il en émane deux principes : celui du « réel » et celui du « plaisir ». La fabuleuse découverte lui explique les grands écarts entre son « moi », son « ça » et son « surmoi », alors qu'elle se voulait globale et légère. C'est à Grant qu'elle doit de se forger sa reconstruction. D'ailleurs, il vient de lui offrir pour son anniversaire la *Psychanalyse des contes de fées*[4], une véritable malle aux trésors porteurs d'horizons sans fin. Son parcours est chaque jour plus

[4] De Bruno Bettelheim.

exaltant, mais elle doit gagner en agilité, s'y voit déjà, comme un poisson glisse de rivière en torrent, de lac en océan.

De son côté, Luigi trouve son équilibre entre la gestion du *Clos*, quelques heures de tennis, un peu de paysagisme et sa vie de couple où chacun sait que les pauses sont les clés de sa longévité.

Paris, rue Saint-Benoit, 14 mai

Rentrée depuis peu de son escapade vendéenne, Olivia a repris sa vie parisienne et ses consultations dans l'air chargé de relents capiteux : ceux des paulownias, de retour eux aussi. Du sentier menant de la villa de David vers la grève, une muse issue d'un rêve s'est animée en elle : sa « fée Mélusine », c'est ainsi qu'elle la nomme. Depuis, ses pas sont légers et évoquent Hermès. Associer Mélusine à Hermès l'enchante, et marcher dans Paris, nimbée de bleus saphir ravive l'instant où Mélusine s'incarna en elle, summum de l'envol.

Radieuse, elle revoit David sur la passerelle de la résurrection où, à la lumière tremblante du zénith, ils ont goûté ensemble l'eau du bain comme on s'abreuve aux sources premières. Et au rituel des allers-retours, de la villa à la grève, leur histoire leur avait paru exister depuis la nuit des temps. Sa vie devient un autre conte. Un coup d'œil au passé :

elle revoit Gérald demander le divorce, le choc terrassant, les réveils en sursaut dus au chagrin refoulé du jour, tout en assumant celui des autres... Noël sans les enfants, février chez sa grand-mère, l'écriture enfiévrée de *Femme de l'Oural*, sa rencontre avec David, son séjour à Rome. L'ange de la résilience a assurément croisé son chemin pour tenir bon les rênes. Le même ange qui avait épargné David *in extremis*...

Elle revoit l'instant où il lui avait confié que, ligoté, à la merci de la folie meurtrière de l'homme qu'il admirait, il avait dû renoncer en une seconde à ses croyances pour une cruelle réalité. Ce moment shakespearien la chavire au plus haut point. S'y ajoute le fait que si Belmonte s'était ravisé, David n'aurait pu se venger. Seule l'origine de sa vie d'enfant bafoué, se raccrochant à l'esbroufe et à la corruption pour tenir debout, était l'intérêt absolu. La question de l'infanticide et des abominations faites aux enfants depuis le début de l'humanité était si monstrueuse que personne ne s'y attaquait. Elle frissonne encore à la noblesse qui fait fi de la haine, exulte à l'élan qui les a poussés jusqu'à Pornic pour connaître l'alliance de la grâce et de la force dans les pas de l'éternel tango. Et Gérald, l'instigateur involontaire de toute l'affaire, n'était-il pas lié à une intercession divine ?

À la suite d'un rêve, Olivia avait évoqué l'archétype « Mélusine » avec David. C'est ainsi que le processus d'individuation était entré en scène pour les délester plus avant du poids de l'héritage ancestral, sociétal et karmique. Mais David voulut en savoir plus sur « l'anima », l'essence féminine de l'homme — concept de Jung —, et dont l'eau, la nuit, la lune, l'imaginaire, le lapis lazuli sont des représentations. Source plus naturelle chez la femme, chez l'un comme chez l'autre, l'eau fait stagner à la suite d'une rupture et dépérir, à l'instar d'une plante privée d'eau. L'intercession de l'esprit Mélusine relance le processus qui devient jouvence. David s'était écrié :

— Tu as été ma Mélusine à point nommé !

– Le besoin de mouvement nous a guidés, tels les moines bouddhistes et leur gymnastique tonique.

– Et les derviches tourneurs : sans mouvement, pas d'extase ; et sans tempêtes, pas d'Ulysse !

Malgré la charge d'affaires qui l'aurait jadis épuisée, Olivia demeure aérienne. Ce soir, elle dîne dans un Relais & Châteaux des Yvelines sur l'invitation de sa propriétaire prénommée Gill, venue la consulter il y a peu au motif que son compagnon se plaint de son somnambulisme : de fait, bien inconsciemment, elle a tenté de l'étrangler. Depuis il dort seul, porte verrouillée et, chevillé à son métier, nul ne peut se permettre de saboter ses nuits.

Gill se désespère d'avoir ce mal en elle : inné ou refoulé ? La tournure tragique que prend sa vie, au moment même où elle aspire à la clarté, la terrifie. Sa consolation est de voir Luigi nager dans l'amour du travail et affronter les défis : le cadeau royal qu'elle lui a fait était bien à sa mesure. La rigueur et la non-complaisance sont les piliers de sa réussite, soutenus par tout un art de vivre, son second souffle. Le paysagisme y participe tant il enchante les adeptes du panthéisme qui entrent par l'allée des hautes graminées d'Amérique. Gill l'admire et ne veut pas le perturber dans ses œuvres. À la gastronomie fine de Luigi et Grant s'ajoute un flot végétal et fleuri qui embarque vers des pampas lointaines. Tandis que d'autres s'attardent sous la verrière tropicale où se déploient palmiers et plantes lianes, bananiers et citronniers, orchidées blanches et deux espèces d'amarantes violines sur fond cristallin de cascade.

Paris, rue Saint-Benoît, 18 mai

Quatre jours après sa soirée au *Clos d'Alexandre*, écrin de raffinement dans une nature luxuriante, Olivia reçoit Gill avec l'intention de l'orienter vers la Salpêtrière, hôpital doté d'un service spécialisé dans les troubles du sommeil. Mais la donne a changé. Gill est maintenant harcelée par un rêve récurrent depuis la nuit du 11 mai faisant suite au repas à *La Grande Cascade*. Ce cauchemar s'ajoute à son somnambulisme et font de sa vie un enfer, au moment même où l'amour lui offre l'exaltation de tous les sens !

— C'est injuste et incohérent !

Mais la passivité attentive d'Olivia l'apaise :

— N'ayez crainte, somnambulisme et cauchemars sont sans doute l'expression d'une seule et même chose…

— Vous pensez ?

Gill décrit alors la pieuvre monstrueuse aux yeux jaunes qui la visite la nuit. Tel un mastodonte, elle se pointe au loin et s'abat sur elle en trois secondes pour l'enserrer de ses tentacules noirs. Un réveil brutal la sort de l'emprise. Pantelante, elle reprend souffle et raison, attendant que son corps douloureux s'apaise. Du simple conseil sur le sommeil à une séance de psychanalyse, il y a une sacrée différence : Olivia doit modifier son champ d'action. Le rêve et le cauchemar sont les enfants chéris de l'inconscient, vaste continent à explorer. Mais qu'en pense l'intéressée ? Le grand moment est là, Gill l'attendait, mais pas avec n'importe qui. Elle s'allonge sur le divan et s'imagine une forêt vierge inextricable qu'une machette providentielle aidée d'une lampe frontale viennent éclaircir. Les yeux fermés, elle visualise une large allée de platanes nimbés d'un soleil matinal qui monte vers le zénith ; et ses premières années s'étalent devant elle, à Sceaux dans la demeure familiale. Ce sont les vacances estivales qui réunissent les cousins dans les jeux embaumés du végétal. Gill fait prendre son bain au petit dernier âgé de cinq ans et le roue de coups. L'enfant hurle, mais dans la demeure remplie de cris et de rires, l'entourage reste sourd.

Vers l'âge de dix ans, Gill avait pris conscience de la maltraitance qu'elle infligeait à l'enfant et s'en était ouverte à sa mère qui, irresponsable, avait répliqué : « Une gentille comme toi ne peut pas faire des choses aussi horribles ! Pourquoi jouer à la vilaine alors que tu es une petite fée !? ». À ces mots de tendresse aveugle qu'elle ne méritait pas, Gill avait poursuivi son enfance, partagée entre sidération et quête de vérité.

L'événement exhumé, Olivia cherche à le relier à un incident récent pour dégager l'origine d'une telle remontée. Gill suivait la carrière de Brigitte Engerer, pianiste concertiste comme sa mère. Condamnée par un cancer, son état a réveillé la mort de sa mère et, malgré elle, la mise en parallèle des deux destins a déclenché son symptôme de somnambulisme. Derrière lui, Gill sent une culpabilité aussi immense que sa solitude d'enfant. Olivia fait alors un « arrêt sur image » pour souligner l'inconséquence d'une mère trop magique qui préfère jouer l'ange plutôt que d'affronter les tourments de son enfant, clairement exprimés pourtant :

– L'enfant non entendu repart plus alourdi par son propre mystère. Cela vaut pour tous, chaque enfant est en recherche de son énigme, et la méconnaissance de soi-même génère une ignorance coupable très angoissante…

Incroyablement, les mots d'Olivia résonnent en son tréfonds. Gill revoit ses jeunes années à grandir laminée de silences, alors qu'elle espérait des mots qui fouettent son esprit égaré, ébranlent la bienséance de son éducation, anéantissent les non-dits qui ravivaient sa barbarie de petite fille démunie. Son irrationnelle de mère l'avait aimée pour mieux la désarmer. Quelle trahison ! Une mère ne peut se tromper à ce point ! Elle la revoit souriante, évanescente, le regard perdu vers un mystérieux lointain habité par des êtres désincarnés. Ses longues absences la menaient sur d'autres continents, et Gill enfant n'en pouvait plus de vivre dans les brouillards maternels !

Son cerveau s'obstrue, son estomac se retourne, elle vomit sur le tapis, revient s'allonger, et s'assoupit. Réveillée vingt minutes plus tard, par la fenêtre ouverte, le monde semble respirer autrement. Celui de sa mère vaporeuse, intangible, sans direction, sans ancrage, se vide de lui-même. Son père en revanche avait été à la hauteur, ou presque, et elle avait adhéré à son monde où un et un faisaient deux. D'un grand soutien dans ses études et sa carrière, par lui elle put sauver les apparences et hérita de son flair incontestable dans la finance.

Avant son séjour en Floride, Gill prend quelques rendez-vous et subjugue Olivia par sa spontanéité et son sens de l'organisation. Sur sa lancée, Gill apprivoise la culpabilité sous la forme d'un oiseau noir à l'énergie errante, curieuse et farouche. Il traversait des déserts de solitudes, se désaltéraient aux marigots ou à quelque oasis, mais sans répit, il repartait en quête d'une chose minuscule, d'une graine qui germerait de l'essentiel. Elle savoure le terrain gagné sur sa posture de victime et la douceur de vivre hors combat. Sans ce délestage, elle n'aurait pu envisager le moindre voyage. « Le refoulé peut remonter à la vitesse d'un bolide et la puissance d'un mastodonte pour tout paralyser ! » lui avait dit Olivia. Comme c'était vrai.

Surpris et ému, Carl est heureux de la retrouver apaisée, sans armure, juste avec un teint de rose. Il l'enlace et lui murmure :

— Alors ma douce, prête à embarquer ?

Floride puis Mexique, juin

Enchanteresse et vibrante, Gill accueille son nouvel amant dans sa demeure de Floride. Carl ne put que succomber et, durant cet impromptu, met un voile sur le beau visage de Patricia… Dès ses premiers pas, la poésie des lieux l'absorbe, et la demeure somptueuse abritée sous les catalpas finit de l'envoûter. Chaque matin, une splendeur silencieuse tombe des cimes, écrasante de volupté. Il se débat avec ce qui le dépasse, et peut le happer. Le vaste décor, loin des paysages d'Afrique, le trouble. C'est un autre sortilège, moins âpre, moins rustique. Et comment échapper à une femme aussi flamboyante, bien vivante et pourtant inaccessible ? Il n'est pas sûr d'être son maître, ainsi qu'elle le lui avait suggéré. Alors que son pouvoir auprès des femmes avait toujours été circonscrit par le contrôle, avec Gill au contraire, il s'autorise naturellement à dépasser des peurs pour se perdre davantage.

Gill le voudrait pour maître alors qu'elle-même en est un… C'est donc cela : ils ont le même rôle, ils sont de la même essence.

Il l'emmène dîner dans le quartier des galeries, *Chez Joey's,* où ils voient défiler des célébrités et d'anciennes relations d'Alexandre. C'est un moment à la fois cocasse et émouvant tant est frappante la ressemblance de Carl avec son demi-frère. Certains, qui n'avaient pas suivi le développement des choses, se retournent éberlués, victimes de vision ou supposant : « Alexandre se serait donc remis de son handicap et aurait rajeuni… ?! » Souriante, Gill laisse le temps abolir les aléas de la vie et composer avec les hasards heureux. Le soir, la terre exhale la tiédeur de son humus ; des cimes des catalpas émane une sagesse qui les fait contemplatifs, abandonnés au silence de l'univers, sans questionnements. Puis un cri d'oiseau traverse la nuit, un autre s'ébat avant de s'élancer, la moindre alerte rallume les conquérants enfiévrés. Gill est le grand défi de sa vie d'amant : son incandescence soutenue d'un chic audacieux distille l'aphrodisiaque infaillible pour qui ne recule pas à s'élever sur l'Olympe de l'amour.

À Miami, parmi les peintres visités, Carl repère un Français y résidant depuis vingt ans. Sa cote en hausse n'est pas surfaite : il lui achète trois splendides natures mortes qui reviennent à la mode. Alors qu'il pensait se libérer de Gill pour aller à Mexico rencontrer d'autres peintres, il se surprend à lui demander de l'accompagner.

Trois jours et trois nuits au Gran Hotel Ciudad de Mexico, de pur style Beaux-arts, sont l'ivresse inespérée pour Gill. Cet art issu du second Empire transpire des mémoires bouleversantes de génies : du néoclassique au néobyzantin en passant par le néobaroque et le néorenaissance. Elle s'émerveille. Carl jette sur l'ensemble un regard mi-intéressé, mi-blasé, mais assure avec tendresse sa présence de guide amoureux. Aux côtés de ce nouvel amant, si familier déjà, Gill relativise son passé enténébré, et son ego de souffrances s'en allège. Près de Carl, elle entre dans l'histoire, ses ambivalences, ses contradictions, ses horreurs, ses victoires fastueuses, à l'image des hommes qui la font.

Deux jours plus tard, l'angélisme de son regard prend de l'acuité, un message subliminal l'éclaire. De toujours, elle est suspicieuse envers l'art. Les absences de sa mère concertiste en sont la clé. Tandis que Scarlett était applaudie sur les scènes du monde, Gill connaissait la torture du vide maternel, parfois le néant. Son imaginaire pédalait dans les non-dits, le secret, le mystère insécurisant des adultes. Depuis, l'art a un envers redoutable : il masque les douleurs du monde et couronne les renversements prétendus novateurs. Fort heureusement, face aux déclencheurs de crises économiques, de génocides, de crimes de guerre et d'infanticides, il y a les adeptes respectueux des mondes vivants qui réparent les débordements testostéronés des infâmes. Éberluée, elle s'inquiète du retard de sa maturité historique, géopolitique, et s'en ouvre à Carl :

— J'ai toujours repoussé la cruauté de l'Histoire, et je dois absolument me roder à intégrer deux principes pour marcher avec plus de souplesse…

Carl est interloqué par cette magnifique femme qui semble presque tout dominer en apparence, mais qu'en sait-il ?

— De quels principes parles-tu ?

— De deux principes fondamentaux : celui du réel et celui du plaisir. Si ma mère n'avait pas été la brillante concertiste qu'elle fut, elle m'aurait conté des histoires où le merveilleux est truffé de dangers, comme dans la vie…

— Rien de plus génial que les contes pour préparer l'enfant à affronter le réel. Les contes africains sont édifiants de bon sens, de simplicité, de sagesse en somme. Hélas ! Cette belle tradition a cédé du terrain aux guerres tribales, et je m'emploie à restaurer la valeur orale des contes dans les Villages de l'urgence.

Elle nage dans le bonheur auprès de cet homme, auprès duquel tout prend sens, et dont l'éthique repose sur une pensée de Molière : « Nous sommes responsables de ce que nous faisons, mais aussi de ce que nous oublions de faire. » N'est-il pas inspirant ? Dans l'invisibilité de son être, une silencieuse rédemption s'opère : elle sent sa réceptivité enfler pour s'ouvrir aux lieux inconnus en souffrance. Elle découvre enfin que dans une telle dimension, il n'est plus possible de se sentir isolée du monde, tant celui-ci l'attend !

Carl, concerné depuis son enfance africaine par le dénuement de l'autre, a su féconder en lui des réserves créatives et humanistes pour les déshérités du monde. Aux côtés de cet homme, elle s'éveille au monde et à ses nécessités, à elle-même et à ses besoins profonds. Elle doit tout mener de front, à bas tout clivage ! Elle propose à Carl deux nuits à Acapulco, au Ritz Carlton Kapalua. Le faste féerique magnifie leur sensualité qui aborde des contrées inconnues. Vient le bain mythique dans la baie où se sont enfiévrés tant d'amants puis, allongés sur le sable, reliés aux galaxies et aux trois mondes de la terre (le végétal, l'animal, l'humain), ils s'unissent à la grandeur du cosmos comme pour y faire germer la graine d'un nouveau monde.

Les glaciologues informent que les icebergs sont bourrés de plastique et que la détérioration de la planète avance comme un monstre que nous ne voulons pas voir. Effrayée, Gill réfléchit plus que jamais au désastre à combattre, quand le lendemain lui offre une opportunité de taille : un plan de sauvetage de la vieille station balnéaire d'Acapulco et de quatre-vingts édifices est lancé sous la houlette d'un milliardaire mexicain. Alors, avec ardeur, elle se met à participer au projet, veut en suivre les étapes, et apporte une large contribution à ce pays où la disparité des richesses est révoltante. Une fois l'affaire engagée, Gill ressent l'équilibre intérieur qu'une telle action procure. Ainsi, partir en croisade pour une cause, c'est de l'amour inconditionnel, le niveau d'amour dont Carl est naturellement pétri depuis l'enfance. Elle sourit aux dieux facétieux qui gorgent d'opulence la plupart des ultranantis pour les empêcher de dormir jusqu'à l'éclosion de leur âme ou l'explosion de leur cœur. Elle avait été l'une des leurs, à la fois insomniaque et endormie, aveugle et engoncée dans d'inébranlables schémas… Légère, elle va quitter la Floride près d'un Carl qui lui semble bien accompli.

Nostalgiques, ils rentrent en France, dans l'espoir inavoué d'un proche retour, malgré Luigi et Patricia. En secret, ils comptent sur le temps qui rebat les cartes, infléchit les destins, oriente au gré de ses humeurs vers la fatalité du bonheur qui incombe à chacun.

Costa Rica, mi-juillet

Un sentiment de plénitude le berce depuis la Floride et Acapulco, s'accrochant à lui comme une seconde nature. Il s'étonne à peine de sa présence intacte à chacun de ses réveils. Fidèle et harmonieuse, une onde féconde tous les aspects de sa vie. Pour l'heure, il est absorbé par son dernier Village de l'urgence au Costa Rica. Il est entendu avec son filleul Laurent, âgé de 35 ans, et libéré de son travail, qu'il en sera le gérant. Sa formation de gestionnaire de villages d'enfants se termine bientôt et sa fibre humaniste vibre totalement au projet de son oncle et parrain. Le Costa Rica, pionnier en écologie et tourisme durable, est un pays propice à faire naître la résilience en chacun de soi. Laurent savoure sa chance d'avoir grandi dans le sillage d'un parrain concerné par les désastres du monde, en particulier par ceux issus des cyclones et tremblements de terre des îles caribéennes. Haïti ne s'est toujours pas relevée du séisme de janvier 2010 et Carl pense souvent à les secourir. Après une longue prospection, il vient de trouver un vaste manoir en désuétude sur la côte pacifique, à El Coco, au nord-ouest de l'île. La perspective de le faire restaurer et de l'agencer au plus vite pour y accueillir les enfants rescapés le remplit de bonheur.

Patricia doit arriver le lendemain. Il la cueillera à l'aéroport de San José, de là ils fileront vers le sud, à Playa Blanca, au bord du Golfo dulce. Niché dans une luxuriance de lianes, de *siempreverdes* et de fougères géantes, un lodge les attend. Carl aime Patricia de toute son âme, tandis que Gill fait danser ses milliards de cellules. C'est dantesque, mais il se doit d'aimer à plusieurs niveaux.

À La Palmera, il boit la candide beauté de Patricia, ils s'enivrent dans la fraîcheur végétale de la jungle exaltée des relents capiteux du Jardin botanique. Par instant, la torride empreinte de Gill ressurgit, il s'offre alors la voie parallèle qui conduit à la rencontre de leurs sexes à Acapulco... Par elle, sa virilité a pris de la hauteur, sa chair s'est spiritualisée, il se sent total. Avec Patricia, ils longent la plage, rafraîchis par l'écume des vagues sur leurs pieds qui ritualise la marche vers les mangroves. Au-dessus d'eux comme autour, une symphonie de bleus aigue-marine, saphir et émeraude les enveloppe. Lumineuses beautés de paradis où les uns cherchent à renaître tandis que d'autres aspirent à s'y anéantir. Loin des jardins d'éden, la marche sous la canicule évoque à Carl le premier couple mythique. Serait-il un Adam moins empressé envers Ève, et ce, depuis qu'il a rencontré Lilith[5] ?

Avant la mangrove, il aperçoit sur la droite une piste où des couples ondulent aux rythmes d'un calypso. C'est le mouvement qu'il leur faut : lascif, à peine endiablé. Ils

[5] Dans la mythologie, Lilith est la rivale d' Ève, née avant elle et fort initiée. La légende raconte qu' Adam a fait appel à ses connaissances.

remontent de la plage, un écrin de verdure les attend, la tonnelle abrite un restaurant aux nappes immaculées. Carl commande un rosé, puis ils trinquent à la prospérité du pays, aux âmes vaillantes qui l'habitent, et au manoir. Patricia l'informe avec un sourire las :

— J'aimerais que tout s'arrête là, dans cette île presque parfaite. Ma tolérance à la souffrance s'est épuisée, je ne veux plus rien…

Interloqué, Carl pose sa main sur la sienne, plonge son regard dans le sien, et réalise que ce qu'il a aimé en elle, c'est Botticelli. Mais, la voyant fragile et meurtrie, son cœur s'engage à la rassurer :

— Sais-tu que de belles choses nous attendent, dès demain ? Tu n'as pas oublié tes baskets au moins ?

— J'ai suivi tes conseils à la lettre, chef !

— Ton envie de mourir, je l'ai parfois. Non par accablement, mais en des instants de grâce…

— Je sais, mais c'est trop flou chez moi…

Son regard s'envole, tandis que le serveur dépose un plat composé de poisson, de crabe et d'une étrange légumineuse pimentée. La brise charrie les notes du calypso et la sérénité finit par s'installer. Après le repas, Carl lui suggère d'aller danser et, soudain aérienne, elle le précède en entamant seule une biguine, puis lui tend les bras. Il empoigne son corps souple, entre dans le rythme et vérifie une fois de plus combien la danse a d'incomparables vertus cathartiques. La nuit tombe vite, ils rentrent par la plage au sable couleur de lune. Seuls au monde, accordés au ressac comme aux rythmes du cosmos, ils s'unissent dans la tiédeur du lit de l'immensité tropicale.

Guayabo, forêt du volcan Turrialba, 16 juillet

Le site précolombien de Guayabo, découvert à la fin du XIXe siècle par le naturaliste Don Anastasio Alfaro, est devenu monument national d'archéologie. Il s'étale sur l'un des flancs du volcan Turrialba, jadis *Torre Alba* (« la Tour blanche »). Des fumerolles s'échappent du cratère ouest et sont une menace pour ce petit paradis. Jalonné de pistes de pierres, d'escaliers, de tumulus, de chaussées pavées, d'un réseau d'aqueducs en semi-état de marche, le site est surprenant de techniques hautement élaborées. La cité aurait atteint son apogée en l'an 800 après J.-C. et aurait vécu jusqu'en 1400 sous l'autorité d'un dignitaire au pouvoir politique et religieux. Des hectares de fouilles en attente de mise au jour révéleront bientôt les causes de la disparition de Teotihuacan. Le guide émet deux hypothèses : une maladie foudroyante décimant le peuple ou une attaque ennemie. Les structures architecturales quasi intactes, la présence des pièces d'or, des céramiques et pétroglyphes – dont le monolithe du jaguar et du crocodile – excluent le pillage. Carl demande au guide :

– L'état d'abandon et l'ensevelissement de la nature vous font penser à quoi ?

– Comme la plupart des civilisations anciennes évoluées, les Totonaques ne brillaient pas par la sagesse des limites. Force est de constater que la surabondance entraîne la dépravation et que sans éthique, la chute est assurée.

Carl renchérit :

– On en revient à l'énorme confusion du religieux et du spirituel ! La spiritualité pure, valeur laïque naturelle, est exclue de tout pouvoir. Si les Totonaques ont péri d'orgies diverses, c'est qu'ils sont restés coincés dans les ors du religieux.

– Les dignitaires des cités perdues, adorateurs des astres et autres divinités, ruisselaient d'ors et de pierres précieuses. Ils buvaient la lumière céleste à longueur de temps et leurs neurones gorgés de tant d'éclats les illusionnaient d'une ivresse qu'ils croyaient divine…

– L'abus de langage et de sens commence avec cette croyance absolue en la lumière. Il n'est pas rare de rencontrer dans notre monde des êtres solaires attractifs qui procèdent par l'emprise de leurs rayons, dit posément un psychologue.

– C'est l'arnaque du fameux charisme ! Mais quand on sait que dans la nature, le mimétisme utilise les mêmes stratégies de séduction prédatrice… ! s'écrie un naturaliste.

– Exact, mais pour revenir à la spiritualité, le Vatican et ses rites ostentatoires n'est pas un modèle de sobriété ; quant à ses pratiques sexuelles, Jésus en tomberait de sa croix ! ajoute un autre visiteur.

Carl revient au sujet :

– Vous seriez pour la thèse des dignitaires aveugles déléguant leurs fils pour étendre le pouvoir. Mais l'ambivalence humaine, le manque de gestion, la corruption, entraînent la révolte des peuples…

– Quand le pouvoir chute, les institutions déclinent, la cité perd son aura, la barbarie s'installe, décime les populations, la sécheresse arrive : c'est l'apocalypse !

– L'homme a toujours perdu la tête face à la richesse, et si la terre et les océans sont saturés, la seule cause en est l'avidité de l'homme ! s'insurge un membre du groupe.

– Paix à toutes les âmes… Nous sommes tous reliés et portons les fardeaux de l'Histoire… dit Carl en guise de salut, avant de rejoindre Patricia.

– J'implore l'univers et les bouddhas pour que s'arrête l'infernal ballet des mercenaires de la planète ! lance-t-elle, emportée par la douleur de son âme.

Carl la prend dans ses bras pour atténuer l'ombre des écraseurs de vie. Des émanations de Belmonte remontent des ténèbres, il sera son antidote.

Par chance, la cause des oiseaux en voie de disparition est le credo qui la remet en selle, et par l'esprit, elle se relie aux contre-pouvoirs des sorciers guérisseurs, pythies et chamans.

– Pourquoi vouloir devenir grand et dominant pour terminer en être lamentable ? lance Carl.

– Les petits chefs nous donnent la réponse. Tous, petits et grands, passent leur vie à contrôler et laminer les autres dans l'oubli de leur propre indigence…

– De ton point de vue, le dominant aurait un complexe d'infériorité à cacher ?

– Pas tous. Parmi eux il y a des guides, des créateurs, des leaders doués et responsables.

– À la bonne heure ! Tu m'as flanqué la peur de ma vie !

Une mimique accompagne sa remarque, ce qui rend Patricia hilare ; puis des secousses l'ébranlent, ce sont des sanglots qu'elle tente de refouler. Carl frémit à la force sauvage qui habite certains êtres, si malmenés qu'ils en deviennent les terroristes d'eux-mêmes. Glacé d'effroi et pris d'un vertige, il s'assoit au pied d'un ficus : son degré d'empathie est en cause.

Apaisé, il se lève et tous deux prennent le sentier en escalier qui mène à la forêt tropicale. Trois gros chats sauvages les croisent dans une inimitable grâce avant de fuir. Sur des branches, des paresseux méditent dans l'infinitude des temps. Les oiseaux chantent l'ivresse du monde, tandis que des singes-araignées et des capucins sautent de branche en branche dans une folle insouciance. Plus ils grimpent, plus la chaleur humide les écrase. Fleurs et plantes adeptes des brouillards vivent en abondance : orchidées, ébènes, acajous, cèdres, balsas, résineux, bambous. Au-dessus de la canopée, la forêt de nuages, nébuleuse et mystique, les happe. Prisonniers du voile épais des 1600 mètres d'altitude, hagards, ils se retournent en quête de repères. Enfin, une lumière perce les brumes. Trois pas en avant, et c'est le choc. En face, une forêt recouvre la montagne d'où un *rio* étincelant dévale pour se briser dans une cuvette d'eau bouillonnante.

Stupéfiant, le torrent d'argent fend le vert sombre du végétal et balaie leur torpeur. Ils redescendent vers un climat plus clément. Une paruline ardoisée, une buse noire et un toucanet émeraude croisent leur chemin. Revitalisée, Patricia les identifie aisément, et Carl se détend en la voyant fort occupée.

Ivres d'histoire précolombienne, de brumes, de faune et de flore sauvages, ils embarquent dans le 4x4 à la puissance rassurante. La nuit va tomber, six heures les séparent de Playa Blanca. Carl propose de dormir dans un lodge-hôtel, mais Patricia ne rêve que du lit à baldaquin et de sa moustiquaire, des charpentes intérieures aux couleurs terre de sienne et aux essences de bois de santal. Carl succombe à sa volonté et le charme de La Palmera l'appelle tout autant.

Il roule en pensant au lendemain qui l'obligera à partir tôt vers son Village-manoir pour ses rendez-vous avec l'architecte et le maître d'œuvre. D'avance il s'en réjouit tant ils travaillent main dans la main. Chez les Costariciens, la solidarité fait loi et les cœurs sont nourris d'engagements sincères et naturels. Les deux bâtisseurs exultent à la noblesse des actions humanistes de Carl, et c'est un honneur pour eux d'y participer. Secrètement, les deux hommes savent que si leurs œuvres connaissent un firmament, ce sera grâce à de telles causes.

Playa Blanca, 17 juillet

Patricia goûte sa solitude de sauvageonne et son petit déjeuner a une saveur de légèreté qui la mène à la rencontre d'étranges oiseaux aux parures si éblouissantes qu'elle en est dérangée. Le Jardin botanique n'est qu'exubérances végétales, jeux d'ombres et de lumière, alternance d'allées torrides bordées de cactées et de sentiers ombragés qui deviennent des havres de fraîcheur revigorante. Les contrastes marqués qu'elle confondait souvent avec les disharmonies du monde et des êtres ont pu la fasciner comme l'horrifier, par confusion émotionnelle. Confusion de ses désirs où les ressentis se heurtaient, se heurtent encore, au mental. Sa réflexion l'amène à Carl et son art de mettre de la cohérence en tout. Avec une pondération naturelle, ses idées et ses actes s'articulent et coulent comme une rivière. Elle, si velléitaire, observe avec admiration, mais souvent aussi avec angoisse. Elle ne lui arrive pas à la cheville et elle n'est pas un cadeau pour la vie à deux, l'espace où transpire l'intime de soi. Une chance : sa vie professionnelle nourrit ses apprentissages, colmate ses plaies dès qu'elle s'ouvre au groupe, au collectif.

Dans un coin du restaurant côté jungle, elle déjeune sans questionnement, l'ambiance animale et végétale l'enveloppe, elle palpite. Les aras déchirent l'air de leurs cris gutturaux, ils veulent discuter, des effluves de terreau chauffé poussent vers la vie. Et tous ces parfums du bout du monde si sécurisants, enchanteurs d'un seul coup ! Puis le réel s'impose : il est l'heure de filer vers le port où un bateau l'attend.

Trente minutes plus tard, au large du Golfo dulce, elle glisse avec ivresse sur le Pacifique étincelant, à la rencontre des dauphins et des baleines à bosse. Elle exulte au lien interespèces. Puis, à l'appel intersidéral, vient l'hypnose où les sifflements et les arpèges du Pacifique remontent et résonnent dans les galaxies en des jaillissements apocalyptiques. C'est l'inouï moment de transcendance entre Pacifique et cosmos par l'intercession des rois des mers. Entre deux dimensions, Patricia ne sait si elle se remettra de tant de grandiose, puis se demande à quoi sert l'amour sur terre quand des liens infiniment supérieurs existent ?

Quand Carl la rejoint, elle lui conte sa rencontre transcendantale avec les dauphins et les baleines qui l'ont transportée aux confins du cosmos. Heureux, légèrement inquiet, il répond :

– Tu cherches la grâce près de l'humain, mais ce sont les rois des mers qui te l'offrent, à ta mesure…

– Si l'homme veut évoluer, s'élever, il doit connaître davantage le monde animal !

– Ce n'est pas faux. Notre dimension mystique et spirituelle passe souvent par la pureté de l'esprit animal.

– Pourquoi ?

— Par nature, l'animal est incarné et son mental n'étant pas encombré de concepts ni de pensées parasites, il passe tout naturellement à la dimension supérieure.

— Quel temps gagné ! En fin de compte, l'humain se bloque par ses constructions mentales, alors que l'animal nous allège d'emblée. Est-ce lui qui détient les clés du thérapeute ?

— Sûrement, en thérapie équine, c'est une évidence.

— J'aime les oiseaux, mais ils ne sont qu'aériens, je crois que le cheval faciliterait mon enracinement et mon incarnation…

— Mais on avance, mademoiselle Patricia !

El Coco, 18 juillet

Une pluie diluvienne et cinglante s'est abattue toute la nuit sur Playa Blanca, tenant Carl éveillé durant des heures. Le déchaînement des forces naturelles l'alerte toujours un peu, il pense au manoir et à sa solidité bientôt révélée à l'issue de la tempête. Il a l'intention de le faire visiter à Patricia. Même effondré, il en accepte l'augure, s'abandonne aux hurlements de l'océan, et s'endort enfin. À demi reposés, ils embarquent à bord du 4x4 en direction du résidentiel *El Coco*, là où s'érige le dernier né des Villages de l'urgence. Le vaste manoir est à deux cents mètres du rivage. Inspiré du style victorien, il a fière allure avec sa construction en rotonde, ses deux tourelles avant, sa terrasse surmontée de colonnes sur trois façades. Le portique est flanqué de deux arbres du voyageur au feuillage lascif et accueillant. Un grand parc planté de cocotiers s'étale sur la droite, alors qu'au centre trône un immense *guanacaste*.

Cet arbre toujours vert, en cela vénéré, porte le nom aztèque *guautil nacaztl* (« l'arbre à oreille »), appellation due à ses gousses en forme d'oreille. Chaque gousse renferme une dizaine de graines aux vertus nettoyantes utilisées en lessive biologique. Si l'artisanat local les récupère pour fabriquer également des bijoux, elles participent à l'alimentation de base de certaines espèces animales, dont les oiseaux. Le manoir a résisté au déluge de la nuit. Le maître d'œuvre est sur place et, rassuré, Carl conduit Patricia à Playa Coco, où elle va vivre l'aventure du *surf trip*. Selon la carte de la houle, l'onde est idéale pour réaliser une belle session sur le Pacifique. Malgré l'expérience issue de sa pratique en Vendée, il l'oriente vers les professionnels qui la préserveront des écueils, tel le Rocher de la Sorcière. Rodé aux régions tropicales, il connaît leurs humeurs qui, en quelques secondes, font passer de l'hédonisme total au stoïcisme le plus dépouillé.

De retour au manoir, il s'étonne de l'avancée des travaux ; le matériel sanitaire est déjà prêt à l'installation. Les vingt dortoirs sont quasi achevés et les trois salles à manger du premier étage offrent la vision panoramique idéale pour les petits pensionnaires. La matrice nourricière doit être conçue dans un espace ouvert, enveloppant et lumineux. C'est une marque de considération vitale pour des rescapés démunis que de les placer dans un cadre florissant. Ses plans respectés à la lettre, il voit déjà le manoir rempli d'enfants dès septembre.

Deux heures plus tard, il est à la paillotte *Le Coco Beach* où Patricia doit le rejoindre pour déjeuner. Il revient de son bain quand elle arrive, verticale, irradiante, la peau dorée parsemée de paillettes cuivrées. Subjugué, il réalise que Gill a disparu de son esprit, comme emportée dans la tourmente de la nuit. Obsédé par la verticalité des choses et des êtres, il regarde ses longues jambes bien plantées et en revient à la métaphore du voilier. Tel un mat, le corps se dresse vers les étoiles et vise un point où caler son âme, mais il manque la base où hisser les voiles et faire que la coque adhère à l'océan… Chaque être est porteur de ces énergies angulaires dont l'équilibre se situe entre sa source vitale et les possibles charriés par le grand fleuve de la vie. Le socle est primordial pour marcher droit, trouver son identité… Il imagine que la plupart des orphelins auront un destin de réparateurs, de reconstructeurs, d'anticipateurs… Le mythe de Sisyphe n'est pas prêt de les lâcher…

– Depuis ta rencontre avec les rois des mers, tu deviens autre, plus dense… Raconte-moi ta session.

– C'est indescriptible ! J'étais prisonnière fascinée des rouleaux de cristal bleuté prêts à me broyer…

– Comme en extase… ?

— Oui, l'extase « bleu Pacifique », si proche de la noyade...

– Alors je te propose maintenant de passer à l'altitude supérieure et d'aller à la rencontre du resplendissant quetzal !

– C'est trop beau !

– Si tu dois rentrer samedi, nous remettrons les ponts suspendus du Monteverde et le rio Céleste à l'hiver prochain.

– Le Corcovado, Tortuguero, la côte caraïbe… ?

– Tu reviendras à Noël, le Village sera en pleine action et parmi les postes à pourvoir, tu auras ta place…

– C'est un peu tôt, je dois y réfléchir...

– Toi qui es friande de citations, je t'offre celle-ci, du philosophe Alain : « L'avenir devient supplice dès qu'on essaie de le contempler au lieu de le faire. » Qu'en dis-tu ?

– Je dis que tu es un type formidable ! Alain a été le phare inspirant d'une tante qui le citait à tout bout de champ ; au quotidien, il ne devait pas être un marrant.

– Alors qu'inviter ce soir miss Patricia à dormir à 2 650 mètres d'altitude au Paraiso Quetzal Lodge l'est nettement plus !

— Waouh ! C'est la meilleure action de ma vie que de t'avoir laissé y entrer !

Au Paraiso Quetzal Lodge, du 19 au 21 juillet

Après le Cerro de la Muerte, ils ont grimpé jusqu'au Paraiso Quetzal Lodge, province de San José. Joyau en haute forêt, c'est le biotope du quetzal qui se nourrit des fruits de l'*aguacatillo*, petit avocat indicateur infaillible de l'habitat du bel oiseau. Après le dîner près de la cheminée où la truite fut reine, suivi d'une nuit glacée, ils se réveillent aux aurores. L'appel de la forêt anime les esprits, mais entrer dans ses mystères suppose quelques règles. Après un consistant petit déjeuner, Jorge, guide ornithologue, prend le groupe en charge pour une initiation aux oiseaux des forêts de nuages. Le froid transperçant la chair les fait d'abord avancer sans plaisir, mais la soudaine effervescence des hôtes des forêts transfigure les visages. Rodés à la dynamique facétieuse du monde animal, ils éprouvent une gratitude immédiate envers ces êtres qui inspirent l'empathie et l'essentiel des choses de la vie. Patricia s'enchante aux bribes des conversations concernant le changement radical de l'homme envers l'animal depuis quelques décennies. Un éthologue passionnant, qu'elle aurait pu écouter des heures, témoigne entre autres de l'influence de Brigitte Bardot sur l'évolution des mentalités. Les arbres immenses couverts de mousses stratifiées sont fantomatiques. Au sol pullulent diverses broméliacées et des gunneras aux larges feuilles, au nom commun de « parapluie du pauvre » et aux inflorescences pourpres proches des lupins. Sur un signe de Jorge, chacun s'avance à pas de loup pour assister à un spectacle rare et fabuleux : un couple de quetzals irisé d'émeraude, de bleu indigo et d'argent en pleins ébats !

Après maints clichés, la troupe rentre se restaurer à l'hôtel. Le soleil monte et fait resplendir la salle à manger. Inspiré, Carl exprime sa vision : l'espace où l'on se sustente doit être une ouverture à la lumière et au charme qui adoucit tout aléa. Patricia admire son ingéniosité à réorganiser les vies blessées et, même si elle est loin du but, elle sent qu'il sème en elle une graine, celle de l'endurance. En attendant que Carl redescende de la chambre, elle en profite pour se repasser les images de son séjour. Sa tête résonne du concert de sifflements, vagissements, et de l'appel intersidéral puissant ; elle en intègre encore le rebond guérisseur, son prolongement, puis se sent prête à partir. Carl arrive, l'attrape par le bras, et les voilà courant vers la Jeep qui les conduit dans une réserve privée.

Le groupe descend en plein royaume des quetzals. Jorge parle l'espagnol, un peu le français, parfois la « langue des oiseaux ». De sa voix douce, il explique la vie du quetzal. Posés sur les branches de leur arbre vénéré, certains offrent des instants féeriques que les caméras immortalisent. Telles des stars, tous s'adonnent aux rituels de s'ébrouer, chanter ou s'élancer en ballets chamarrés. Sucriers à ventre jaune, colibris à col turquoise et tête violette, martins-pêcheurs verts et cassiques de Montezuma se déploient en une étourdissante frénésie qui célèbre chaque jour le miracle de la vie. Un sentier conduit vers une zone verte et fleurie où bambous, fougères, héliconias variées, orchidées-bambous, campanules, lichens et divers champignons cohabitent en parfaite harmonie. Engourdie, la nature se réveille au soleil rasant. L'âcreté des exhalaisons trahit la vie intense de larves, d'insectes, de champignons et de végétaux invisibles. Jorge indique une autre piste, et c'est l'entrée en scène d'espèces différentes qu'il présente : le bruant chingolo, le pic glandivore, le tangara émeraude, le merle fauve, le piranga à dos rayé... Patricia absorbe tant bien que mal la frénésie des sarabandes alors qu'elle n'aspire qu'au silence. La passion peut la perdre et pour exorciser son angoisse, elle s'écrie :

– Que serions-nous sous un ciel vidé d'oiseaux ?

Carl accourt, la prend dans ses bras, des sanglots la secouent et des larmes noient son visage d'enfant.

– C'est son horrible cauchemar qui la poursuit… T'inquiète, nous sommes dans le coin du monde champion en protection animale !

À son ton badin, elle sourit, le groupe s'interroge sur ses visions, puis se recentre sur la préservation du mythique oiseau, bijou des forêts tropicales qui enflamme les esprits depuis les Mayas. *Le Paraiso Quetzal Lodge* travaille avec une coopérative de paysans engagés dans la protection de l'espèce. Ils repèrent les nids dans leur propriété et en informent les guides qui assurent un suivi approprié.

Puis vient l'heure du retour au lodge, refuge de lumière où les visages resplendissent naturellement. La truite, encore à l'honneur, est accompagnée de beignets à la banane. Une liesse légère baigne les esprits, des rires fusent, à peine retenus, à mi-chemin du profane et du sacré. Carl, sensible à cet équilibre, suffoque à la montée d'un souvenir du Mexique : lors d'un cocktail, Gill lui avait trouvé une « aura de prince » et renouvelé sa remarque sur la plage d'Acapulco. La beauté cuivrée de Gill reprend possession de son être… Il frémit à l'intensité de son regard, celui d'une « vraie femme », et se dit « que c'était quelque chose… »

Dans l'après-midi, Jorge propose un petit trek jusqu'à Gerardo de Dota. Impressionnants de raideur, les raccourcis offrent des splendeurs vertigineuses, le fracas impétueux des cascades contraste avec les lacs aux vastes regards bleus : enchâssés dans leurs orbites volcaniques, ils humanisent la montagne. Au retour éreintant, *le Quetzal Lodge* accueille les corps affaiblis et les âmes sans fièvres. L'épreuve a vidé Patricia qui, titubante, monte s'écrouler trente minutes sur son lit et s'endort. Après ablutions et repos, les huit compères se ruent vers la salle à manger où, près de la cheminée, une sangria maison les attend. À l'impermanence du temps, ils se resserrent : ultimes instants où la chaleur de l'amitié s'intensifie. Seule Patricia navigue dans un spatio-temporel proche et lointain où les lieux et les hôtes ne sont que réminiscences. Elle déguste la sangria qu'elle appelle « élixir d'amour », puis énonce des phrases inachevées :

— Tous venus de vies passées, ici est l'écrin créé pour les huit diamants que nous sommes…

— Comment peux-tu en être aussi certaine ?

— En voyant tous les oiseaux piailler, s'ébattre, se nourrir de graines et repartir vers la liberté, tout m'est revenu. J'avais dix-huit ans quand j'ai lu *La Nuit des chamans* de Luis Ansa, et je n'ai pas pu dormir avant de l'avoir terminé. J'ai appartenu à cette civilisation.

— Mais de quelle civilisation parles-tu ?

— Des Mayas !

— Tu as des visions sur cette civilisation ?!

— Oui, et j'ai la certitude d'avoir vécu avec notre groupe et plein d'oiseaux ensuite disparus.

— Seras-tu en mesure d'embarquer demain ?

— Jamais de la vie ! J'ai envoyé un texto à mon patron en ce sens, il comprendra.

— Quel chic type ! Donc bientôt le Corcovado ?

Le lendemain, quitter l'univers des quetzals est un arrachement. La vie profane reprend son cours avec des haltes, notamment à la basilique de Cartago, saisissante d'élégance par ses dentelles extérieures immaculées et l'étincellement de ses ors intérieurs. Puis ils coulent dans la luxuriance des longues plantations de caféiers de la vallée centrale. Dans la nuit avancée, La Palmera apparaît, méconnaissable tant la jungle la cernait de sa folle exubérance.

Du Corcovado à l'Aguila de Osa, 22 juillet

À Drake Bay, sur la côte pacifique, ils traversent une rivière en bateau qui les dépose sur une plage déserte. Tout près, la mangrove humide et chaude exhale ses relents d'humus. Sur les branches des palétuviers fourmillent des crabes qui s'adonnent à des acrobaties savantes. Denses et mystérieuses, vitales et peu accessibles, les forêts de palétuviers sont les habitats suprêmes des oiseaux migrateurs. Leur rôle est primordial dans la régulation de l'écosystème mondial. La chaleur humide rend l'atmosphère pesante. Pas de dauphins ni de baleines à l'horizon, Patricia est désarçonnée. Le bateau arrive enfin, les embarque et glisse jusqu'à leur hôtel, *L'Aguila de Osa Inn*. Dépaysés par ce havre de légendes, ils sont accueillis avec des serviettes rafraîchissantes et un cocktail de bienvenue. Nichée au milieu de la jungle, leur chambre offre une double vue sur l'océan et les jardins regorgeant de fleurs.

Plantés dans leur nouveau décor, ils se jettent l'un vers l'autre. Un macare écarlate rase la fenêtre, émet trois mots « en perroquet » et part alerter la jungle. Le bel oiseau les fait éclater d'un rire qui balaie les peines, malgré sa tonalité un brin lugubre, entre jasement et croassement. L'apéritif de dix-huit heures, servi dans une vaste salle boisée ouverte sur la jungle, est une invitation aux voyages immobiles. Le dîner est animé d'anecdotes venues du bout du monde entre les hôtes, voyageurs aguerris pour la plupart. L'ambiance cosy, le nombre réduit de chambres, l'air sillonné de bruits et de parfums grisants refoulent dans l'oubli provisoire le paradis perdu des quetzals. Carl et Patricia écourtent leur sympathique et intéressante soirée afin de récupérer quelques forces pour l'aventure du lendemain vers *La Sirena*.

La Sirena, 23-24 juillet

Sur une mer houleuse durant une bonne heure, ils longent toujours le sanctuaire sacré de la survie animale qu'est la mangrove. La violence des flots brisés sur les rochers s'intensifie dans un brouillard persistant et, de minute en minute, le sauvage prend possession de leur être. À mi-chemin, l'horizon s'éclaire. Au loin, des dauphins bondissent et distribuent leur belle énergie. Ces êtres sont des incarnations de vitalité parfaite où toute hiérarchie n'a aucune raison d'être. Quelle que soit sa forme, le vivant est du sacré qui provoque la joie, l'émerveillement, et l'empathique ferveur à préserver ce qui va disparaître. Sitôt débarqués, le guide Fernando repère sur le rivage un crocodile en plein festin. C'est une énorme dinde sauvage qu'il déguste en peu de temps. Sortant de la mangrove, et le voyant fort occupé, un héron promène sa désinvolture en cherchant, l'air détaché, des vers ou des bernard-l'hermite. Le groupe s'approche doucement de l'ogre qui, concentré sur sa proie, les ignore. Par une percée, ils pénètrent l'espace vert à la touffeur humide. Vaste théâtre sauvage où jouent, caquettent, se vautrent, lézardent, se pavanent et rebondissent de vitalité les hôtes des lieux. Des aras à trois couleurs les accueillent du haut d'un amandier, puis c'est le tour des singes hurleurs. De branche en branche, les gymnastes de la forêt font leur show : atèles, capucins, singes-écureuils, alors que d'autres descendent tournicoter autour du groupe. Rivé à sa tâche, arrive un fourmilier géant balayant le sol de sa longue queue touffue, tandis que de son long museau, il se délecte de termites, fourmis et coccinelles. Non loin, dans un marécage se terre un animal noir immobile, timide, impressionnant : un tapir, une espèce menacée. Sur des troncs abattus, de gros lézards font une pause entre ombre et lumière. Arrive une meute de coatis peu farouches, et si candides qu'on se demande ce que des êtres d'innocence font en territoires sauvages. Hallucinante, la faune exulte, la flore explose, c'est le vertige de tous les sens. Guidé par Luis et Fernando, le groupe file vers une forêt d'inondation où pousse à perte de vue le *yolillo* à palmes, la base du raphia. Le chemin abonde en arbres, en gigantesques lianes boisées et vignes d'herbacées vigoureuses, alors que volettent des papillons bleus, mauves, verts, mordorés, turquoise et noirs en leur éphémère beauté.

Après quatre heures de marche et d'observation, l'aperçu du camp de *La Sirena* sous ses ombrages est une délivrance. Sitôt arrivés, les deux guides sautent à la cuisine, les naturalistes en herbe se précipitent sous la douche. D'ici trente minutes, la pause-apéro tissera du lien amical, poétique, quasi surnaturel, avec en chacun d'eux, le souhait de paix et d'unité pour le vivant. Un *casado* bien mijoté de la veille, accompagné de riz et des légumes du jardin, fait le régal de tous. Des fruits goûteux et un café velouté terminent le repas dégusté dans le frisson et la grandeur du sauvage. Il est reconnu que les parcs et les réserves instillent une transe légère où le danger flirte avec le sublime. À cet égard, une petite sieste s'impose.

L'aventure vers les hautes terres des forêts nuageuses est en marche. Au point de rencontre des trois *rios* – Llorona, Corcovado et Sirena –, le groupe croise une famille de pécaris à lèvres blanches bien affolée. Les mères alertent d'un danger imminent en pressant leurs petits. Peu après, l'explication s'étale devant eux : à la confluence tumultueuse des trois *rios*, un jaguar tient entre ses mâchoires un pécari de taille moyenne. Spectacle doublement poignant, car le pécari comme le jaguar sont des espèces menacées : la lutte pour la vie est incessante. Le jaguar, prédateur forgé à l'endurance, résistera-t-il encore longtemps au braconnage pour sa fourrure ? Pourtant, ses atouts sont de taille : la terre et l'eau sont ses éléments. S'il s'attaque aux pécaris et gros rongeurs, c'est aussi un pêcheur émérite qui adore le poisson, la tortue et le crocodile. Hélas ! Peu reproductif, le jaguar ne s'accouple qu'en saison des pluies, et les portées de un à quatre bébés ne sont pas suffisantes pour éviter la proche disparition de ce félin magnifique. Oublieux du destin du jaguar, une plantation d'arbres étonnants les met à l'arrêt. Le tronc enflé de la *ceiba preciosa* rappelle le baobab, sauf qu'il prend la forme d'une bouteille de trente mètres de haut cloutée d'épines. Les fleurs blanches au cœur rose ressemblent aux fleurs d'hibiscus. Leurs fruits énormes renferment des graines entourées de coton qui se récolte, et leur extraction donne une huile de beauté fort appréciée. Plus loin, une autre plantation aux troncs truffés d'épines présente un air de famille, mais le feuillage est palmé : c'est la *chorisia preciosa* cultivée elle aussi pour son huile.

Équipés comme pour un trek, ils prennent de l'altitude sous les cris stridents des toucans. La forêt brumeuse peu explorée est si magique qu'on en a fait l'âme du Costa Rica. Chênes, conifères, lichens moussus, fougères arborescentes abritent mille insectes, de nombreux reptiles et batraciens, et le très discret puma. Ce gros chat sauvage solitaire s'adapte à des biotopes différents. S'il préfère les cervidés, au Costa Rica, les ratons laveurs, les agoutis et les pacas font son affaire. Il consent à partager son territoire avec l'ocelot, bien plus sociable que lui. Le petit ocelot se laisse domestiquer et devient vite une merveille de tendresse pour ses maîtres. En descendant des brumes, ils croisent une famille de pélicans blancs en partance pour la plage : les petits affamés émettent en continu des sons rauques jusqu'à la dégustation de crevettes et de poissons.

Reconnecté aux arbres séculaires, le groupe est subjugué par les racines tentaculaires, les troncs éclatés en sculptures monumentales. Mère Nature rappellerait-elle à l'Homme de revoir son rapport aux incarnations magistrales qu'elle a su féconder ? Prédateur impénitent depuis l'aube des temps, va-t-il saisir que l'abondance n'est plus ? Va-t-il renoncer à ses addictions meurtrières ? Un bosquet de *guarumos,* aux grappes en longs doigts couleur d'ivoire rosé, abrite de touchants paresseux. Non loin, un parfum irrésistible émane de délicates fleurs jaunes, l'ylang-ylang, dont l'essence entre dans la composition du fameux *N° 5* de Chanel. Un festival de flamboyants, de *guanacastes,* d'acajous royaux, et de ficus étrangleurs, clôture l'excursion.

De retour à *La Sirena,* ils se désaltèrent et filent vers les eaux vertes du *rio* Claro. Carl et Patricia s'y baignent et voguent en kayak. L'intrépidité des chutes et la somptuosité des arbres suscitent un grand moment de communion avec l'univers et d'unicité avec eux-mêmes. Aux feux déclinants du couchant, ils prennent le chemin de *La Sirena* où un tartare de thon frais et une succulente langouste les attendent. Deux douzaines de bougies à la citronnelle servent de boucliers à une armée de sanguinaires invisibles. Après le dîner, Fernando, Luis et les aventuriers en herbe débriefent leur journée intense de sensations inédites, d'émois secrets, et de serrements de cœur quant à la pérennité des espèces, de leurs biotopes, et des édens que génère le Costa Rica. Du haut des grands amandiers, les singes chahutent, les aras bleus chevrotent leurs gammes aussi gutturales que vespérales. La nuit s'annonce radieuse, sauvagement somptueuse.

Retour à *L'Aguila de Osa Inn*, 23-24 juillet

Durant une heure, c'est le chemin à l'envers pour retrouver leur hôtel niché dans la jungle. Méditatifs et légers, ils longent l'intense mangrove, ses oiseaux endémiques et les milliers de migrateurs qui font escale avant d'amorcer de longs périples. Quel instinct les tenaille pour oser des traversées si épuisantes sans nourriture ? Patricia est à la fois remuée et fascinée par leurs forces d'endurance, comme une ascèse qui tient du miracle, et qu'ils déploieront jusqu'à la fin des temps. Le bateau slalome entre les récifs, le chant lointain des baleines la ressuscite, les sensations du Golfo dulce la replongent dans l'ivresse des océans. Les dauphins aux cris d'oiseaux dansent près d'eux, leur apesanteur lui donne une vision du monde fusionnelle et parfaite entre la nature et l'humain. La même chambre les attend, en surplomb des jardins exotiques et de l'océan.

À l'apéritif, ils retrouvent des voyageurs de l'avant-veille et un nouveau couple les rejoint au dîner. De joyeux échanges accompagnent un *guacamole* à l'oignon, pimenté et citronné à la perfection, suivi d'un *lomito* persillé et goûteux. D'une anecdote à l'autre, un interstice se creuse, de plus en plus palpable. L'un des hôtes, mal à l'aise dans le confort d'une *dolce vita* de surface, brise la glace en leur faisant part d'un événement survenu la veille : une touriste passionnée d'animaux avait trouvé sur son balcon une grenouille d'un bleu luminescent surligné d'un pourtour dorsal jaune. Reconnaissant la dendrobate, merveille biologique qu'elle avait déjà touchée en terrarium, elle l'a saisie, oubliant totalement qu'à l'état sauvage, le batracien secrète un venin foudroyant. Son geste lui fut fatal. Son mari, naturaliste bon teint, qui prenait sa douche à ce moment-là, se sentait coupable d'une telle inconscience, bien que la victime fût coutumière de pulsions dommageables pour son entourage comme pour elle-même.

— Nous parlons bas car les patrons nous ont demandé d'être discrets : ils ont perdu des clients à cause de cette histoire… dit la femme d'un ethnologue.

— La batrachotoxine, secrétée par les glandes de la peau de la grenouille, perd assez vite sa toxicité dès qu'elle se retrouve en milieu artificiel, précise le mari.

— Les Indiens l'utilisaient au bout de leurs fléchettes : ce poison est deux cent cinquante fois plus violent que le curare… ajoute la femme.

— Les Bribris, l'ethnie de la côte caraïbe, l'utilisent toujours… précise Carl. Nous allons vous souhaiter une belle nuit, mais attention où nous posons les mains !

À l'infini, la nuit tiède frémit et s'étend sur la baie de Drake jusqu'à l'isla del Cano, ver luisant dans le lointain. À vingt kilomètres, l'île Vierge est une réserve biologique qui abrite des vestiges archéologiques époustouflants. Un trésor fabuleux pour la science. Sur le balcon, ils admirent la galaxie qui semble descendre vers eux. À leurs pieds, le Pacifique rythme les vies aux vaporeux contours. Patricia passe du grandiose à la désespérance, Carl voit les ombres sur son visage. La mort de la femme à la grenouille a laissé sa trace. L'enlaçant par sa face postérieure, la moins vulnérable, Carl avance :

— Pat, ne te fâche pas, mais tu as une propension à te laisser envahir par tout ce qui passe…

— Quand tu me parles de dos, je comprends mieux, je me sens plus mature...

— Normal, le dos est la partie blindée de l'humain et de l'animal. De face, tu reçois tout en pleine figure ou dans le ventre, c'est la face réceptive, féminine, en prise directe avec l'extérieur. Le dos est solaire, émetteur, il reçoit peu, sauf les coups de poignards comme à l'opéra !

Un rire éclatant la secoue, puis :

— Comment sais-tu tout cela ?

— Ce sont les fruits du grand âge ! Je t'offrirai un livre de Gurdjieff sur les mouvements sacrés.

Sur son portable, Pat saisit « Gurdj », le nom s'affiche. Carl intervient :

— Stop ! Le personnage était hors normes, à la fois sombre et lumineux. Après avoir longtemps unifié ses dysfonctionnements, il en a fait un enseignement.

— Génial ! Est-il parvenu à inverser ses travers pour développer une méthode globale ?

— Oui, inspirée de la psychanalyse et du mouvement, elle a des similitudes avec le bouddhisme.

— Tu l'as pratiquée ?

— Il a fait école à New York, Paris et ailleurs.

— Quel sacré loulou tu es ! Dis-moi encore…

– Dans notre société hystérique, nous manquons de recul pour répondre aux événements et rester inspirés. Seule notre vie intérieure bien nourrie nous sauve. Méditation, danse, jardinage, lecture, yoga… rechargent notre intériorité qui, à son tour, renforce nos rôles sociaux.

– Plus la source est nourrie, plus les chocs extérieurs sont amortis… Parle-moi des mouvements sacrés…

– Gurdjieff a fait de ces mouvements du Moyen-Orient une stratégie d'éveil du corps et de la conscience.

Le vent du large les effleure et la majesté de la nuit les emporte.

Réveillés par les aras, ils vont petit-déjeuner avant de se lancer en kayak sur le *rio* Aguijitas. Une légère torpeur baigne la cité, alors que la nature bruisse, jacasse, exulte de frénésie. La lumière est vive, l'air vibre d'ondes inhabituelles. C'est le jour du départ, il faut hâter le pas. Ils rament depuis un bon moment, chacun dans son kayak, puis s'abandonnent sous les voûtes arborées. Pourtant, mille choses sont à capter pour palpiter encore à l'incessant frisson de la faune, chavirer aux odeurs vertes et fleuries, se laver à l'eau vive des cascades, contempler et remercier les dieux d'offrir de tels sanctuaires.

De retour à leur chambre, ils se douchent, bouclent leurs valises et saluent les aras, fêtards impénitents si attachants. Au bar, une rumeur les happe. On leur conte l'aventure d'un petit ocelot, victime d'un enlèvement raté : trois bébés ocelots de trois mois se promenant dans la réserve d'à côté, adorés de tous, firent la convoitise d'une vétérinaire qui avait commis son forfait le matin même. Carl avait perçu l'anomalie zébrant l'air du matin. Initié depuis l'enfance aux mondes vibratoires des jungles et forêts par des chamans d'Afrique et d'Amérique, il en garde une mémoire sensorielle intacte.

Ainsi, la veille, la vétérinaire avait attiré les trois ocelots dans un coin pour s'assurer du port de puces électroniques. N'en décelant pas, sûre de son affaire, elle était entrée dans la réserve, mais les trois bébés avaient chacun un collier GPS. Envahie du violent cocktail de passion et de frustration, elle avait jeté son dévolu sur le plus petit, retiré son collier de géolocalisation, injecté une seringue d'anesthésiant et chargé dans son sac à dos. Les deux autres voyant que l'ordre des choses n'était plus, s'étaient mis à grogner jusqu'à la pourchasser avec des miaulements de détresse. Au poste de garde, la caméra alerta les agents, d'autant que la veille, la dégaine d'une visiteuse un peu louche avait été signalée, d'où la pose de colliers dans l'attente de puces électroniques. Harcelée par la foudre des ocelots, sur le chemin de la sortie la vétérinaire avait réalisé que sa folie prédatrice la menait droit dans le mur. Elle pensa aux caméras, aux colliers traceurs, à sa fascination des fauves, à son mal d'enfantement. Face à l'inéluctable, le renoncement s'imposait : la sagesse s'ensuivit, elle posa son sac à terre et délivra l'ocelot endormi qu'elle coucha sur une feuille de bananier.

Non loin, un garde attendait qu'elle en finisse pour la conduire au poste et lui faire connaître la suite de son destin. L'ocelot drogué, porté par les bras bienveillants d'un soigneur, fut conduit à la clinique et, soudain guillerets et apaisés, ses petits frères le suivirent. Comment douter alors, chez tout être vivant, de l'existence de l'âme qui sait, dès que tout s'ajuste, retrouver joie et plénitude aussi naturellement ? Le fait relaté par le biologiste, ami de la réserve, devint un conte pour petits et grands, laissant présager d'un avenir souriant pour les bébés ocelots.

Ce récit clôt le dernier repas qui baigne dans une joie communicative. Sorte d'hymne à la vie qui propulse les amoureux vers la plage de Cocolito. Vertigineuse est la traversée du pont suspendu au-dessus de la jungle grouillante et du *rio* Aguijitas. Aux myriades de singes, d'écureuils, de momots à huppe, gorge ocrée, queue bleu vif irisé, ailes émeraude, s'ajoutent les sonorités qui font croire que la vie n'est que trilles, ballets chamarrés et folles ivresses. Échappés du monde endiablé de la jungle, ils marchent sur le sable blanc, conscients du temps qui file, mais ils succombent à l'appel des eaux au goût d'infini. Dans la mer chaude de Cocolito, leurs corps et leurs esprits se pacifient une dernière fois.

San José, 26 juillet

Rentrés d'Aguila de Osa l'avant-veille, Carl et Patricia coulent des heures paisibles, les dernières à La Palmera. Ce n'est qu'enchantement à instiller, à partager aussi, mais sans avoir à composer avec les émotions de l'autre, chacun assumant les siennes. Près de Patricia, il s'étonne de marcher dans un doux pas à pas dénué d'effervescence, ce qui fortifie son féminin d'homme qui le fait plus réceptif et plus tendre. À l'aéroport de San José, ils se quittent pour un bon mois. De Paris, elle rejoindra sa Vendée. Déjà elle se concocte un programme inspiré de son amoureux.

Carl, lui, va procéder aux derniers aménagements du manoir. Demain, Laurent débarque pour assurer la sous-direction du centre labellisé Village de l'urgence. Le Zimbabwe sera sa prochaine étape pour recruter du personnel et engager les travaux d'agrandissement prévus aux trois

Villages en place. Il suit l'Airbus jusqu'à sa disparition. Pour noyer son spleen, il parcourt San José. La variété des styles architecturaux issue d'un riche métissage culturel et social l'émeut toujours, tant il suinte d'authenticité. Ici, c'est l'empreinte de l'Art Déco. Là, le postmoderne et ses techniques avancées se combinent à l'ancien pour créer des toits pentus et des auvents à la patine artisanale. Ces amalgames ingénieux ont donné naissance au style tropical. Carl longe d'élégantes maisons d'influence victorienne. Corniches baroques et colonnes torsadées s'intègrent avec audace et bon goût au modernisme. Plus loin, d'un manoir de pur style Queen Anne, émerge un hôtel de luxe qui en a fait son écrin. Des bâtiments publics et commerciaux marqués par les XVIIe et XVIIIe siècles côtoient des bâtisses contemporaines, dont la surprenante construction de verre du géant Amazon ! Les églises rayonnent du néo-roman, du néogothique et du néo-Renaissance. À la fin du XIXe siècle, la prospérité du café a permis la construction du Théâtre national, joyau architectural du mariage néo-Renaissance et costaricain. Il en connaît le directeur, téléphone à son secrétariat, une hôtesse le rejoint aussitôt, lui ouvre les portes et monte avec lui le grand escalier de marbre menant au foyer et à la salle de spectacle. La célèbre peinture du plafond : *Alegoria al cafe y el banano*, reprise sur un billet de banque, l'émeut comme dans un adieu.

Il poursuit sa visite avec nonchalance, se coule dans l'élégance des intérieurs blanc et or jusqu'au foyer aux banquettes et fauteuils habillés d'un damassé émeraude. Soudain las, saturé d'avoir couru les beautés du monde, il a soif d'autre chose : de communion profonde avec tous les enfants rescapés de catastrophes naturelles, et les orphelins de parents morts du sida dont pullule l'Afrique. Ailé de la détermination des vaillants, il quitte les lieux et rentre à son hôtel proche du manoir d'El Coco.

Dans les nuages, Patricia survole le monde et lit *L'Esprit du geste* d'Albert Palma, offert par Carl. Quoi de mieux que la voie des airs pour entrer dans l'essence d'un livre ? « Carl pense à tout et à tous avec *bénévolence* », songe-t-elle. Ce mot ancien auquel se référaient Platon, Descartes, et parfois Carl, la berce, la sécurise. S'il rime avec impertinence ou bienveillance, *bénévolence* invite à agir avec le cœur. Selon Carl, revenir au sens global du terme, c'est s'inscrire dans la tradition spirituelle et l'aspect universel de l'amour des autres : humains, animaux, végétaux compris. Persuadée qu'avec des esprits tels que Carl, Albert Palma, Leonardo DiCaprio son héros, et bien d'autres défenseurs de la Planète, une conscience collective subtile et pragmatique émergera. Résolument optimiste, elle s'endort.

Un songe la réveille : après une visite d'églises, le faîtage et la flèche de la basilique de Cartago se soulèvent. Tel un chapeau montant de plus en plus haut, elle s'affole, puis se raisonne. De cette élévation périlleuse et troublante, elle s'imagine transplantée dans un pays qui a le culte de la Nature. Il ne peut s'agir que du Costa Rica ! Une force la traverse, en une seconde elle se sent digne d'œuvrer aux côtés de Carl, et d'accomplir les tâches délicates auprès des âmes nécessiteuses.

Par le hublot, le soleil féconde le monde. Dès l'automne, jouer un rôle au manoir n'est qu'évidence. Après un long soupir de délivrance, un espace infini se libère en elle, et sans plus de questionnements, elle reprend sa lecture.

QUATRIÈME PARTIE

Paris, 22 juillet 2012

À la terrasse de la *Brasserie Lipp* du boulevard Saint-Germain, l'homme médite sur l'humanité, son évolution et la sienne. Sa face fine et burinée tressaute par instant. Des souvenirs le hantent, des évocations le bouleversent. Il est des êtres dont les stigmates de leur dramaturgie nous renvoient à la nôtre, et dans le regard compassionnel que nous leur portons, il s'agit souvent de nos propres souffrances. Revenu d'une contrée à haut risque, naufragé sauvé *in extremis,* Marc revoit son parcours et savoure la vacuité salvatrice par laquelle se peaufine son second souffle. De ses yeux pers s'échappe l'éclat de l'espoir. L'amour, cet attachement insondable que l'on veut prometteur et sans limites, serait-il au centre de ses pensées ? Il en a fini de courir après Éros, ou de le fuir dès qu'il le serre de près. Il la revoit à Vladivostok franchir le seuil de l'auberge *See You Hostel* où il s'apprêtait à dîner. Mystérieuse et vive, ténébreuse et lumineuse, elle dégageait un univers qu'il voulut respirer. Farouchement belle, modérément athlétique, il la crut tout droit sortie d'un *James Bond*. La voyant seule, il chargea le serveur de l'inviter à sa table si elle le souhaitait. En bonne Américaine chic et libérée, d'un seul élan elle arriva à sa table, telle une brise ravivant le feu mourant de son âme, et il l'écouta :

— Georgia Rogers. Je vous connais, vous êtes devenu célèbre, et j'ai été chargée d'enquêter...

— Et vos conclusions ?

— *A priori* pas de bombe, mais un sabotage plus subtil n'est pas à écarter.

— Est-ce indiscret de vous demander…

— Je faisais partie de la CIA, et suis un pur produit de l'université de Miami où j'ai fait des études en recherches spéciales pour mon doctorat en psychologie.

— Cela sent l'agent secret plutôt que le divan !

— Je l'ai été durant cinq ans. Très formateur…

— Mais… ?

— Je m'y suis usée, trop répétitif, et je grossissais.

— Quelle horreur ! Vous vous êtes bien ressaisie…

Un fou rire les unit très vite, mais elle réoriente la conversation :

— Parlez-moi de vous, si cela vous fait du bien, et si le moment est propice.

Elle parut si ouverte et disponible qu'il n'hésita pas à lui confier la part indicible de son histoire. Par elle, son drame prendrait un autre sens, alors il délivre son pathos : ses séquelles physiques et psychiques, ses nuits de cauchemars où se rejoue l'obsédante scène des eaux noires et glacées de la mer d'Okhotsk qui l'avalent, le regard accroché aux derniers feux du ciel. Puis les enclumes oppressantes des nuages annihilant tout espoir et, se débattant comme un diable dans un bénitier, le moment où il rencontre la remorque de la plateforme accrochée à un rocher, s'y hisse et fait des signes à l'hélicoptère qui le survolait une ultime fois. Mais alors qu'il est quasi sauvé, la remorque se retourne et lui arrache le pied droit. Ce fut le prix à payer par de longs mois à l'hôpital de Vladivostok.

Puis elle était arrivée, comme un soleil de printemps, et malgré sa fraîcheur de bon aloi, de sa prunelle noire une lueur l'avertit de ne pas s'y fier. Qu'importe, aux clartés de ce soir d'avril où l'or et le feu éclairaient la baie de la mer du Japon, ils dînèrent de mets caucasiens arrosés de champagne. Dans les fastes du couchant, la rencontre lui injecta la « maladie d'amour ». Lui qui avait eu la conquête facile et fuyait les femmes trop éduquées à croire aux princes charmants, avec Georgia il sut qu'il allait expier sévèrement. Telle « une Attila », elle avait tout rasé pour le clouer au pilori des amours fatales. Toutefois, il fut fidèle à ses nuits tziganes, à ce peuple fier et misérable, fascinant et réchauffant, et à Ewa, sa chanteuse aimée à la voix fêlée. Là-bas, il avait aussi marché sur les pas de Joseph Kessel. Ce grand reporter aviateur écrivain, amateur de mondes interlopes, avait foulé les cabarets où il s'était noyé de fièvres autant que de vodka.

Des décennies après, Marc prenait la relève et se vautrait dans les mêmes jouissances. Kessel l'habitait tant. La majesté de son écriture et sa façon d'empoigner le ciel, la terre, la guerre, les femmes, avaient fait du bonhomme une icône de la littérature, à ses yeux. Il se revoit sur son lit d'hôpital, dès qu'il put lire, pénétrer le monde à travers *La Steppe rouge, Les Cavaliers, La Rose de Java, Mermoz, La Vallée des rubis, Hong Kong et Macao, Le Lion, Le Bataillon du ciel, Belle de jour*… C'est une certitude, ce géant de la littérature l'avait sauvé.

Prague, 22 juillet

Après avoir quitté Marc à Moscou, Georgia prit l'avion pour Prague. À l'aéroport, elle se fit conduire au Riverside Hotel, au bord de la Moldau (ou Vltava), lieu de charme accueillant au décor très français qui garde l'empreinte de grands instants vécus avec Pedro, alors son amant en titre. Dans la soirée il la rejoindra, chargé d'informations brûlantes, et il se peut que la flamme se ravive… Mais avant cela, elle nage dans la piscine de l'hôtel pour retrouver l'insouciance et l'unité qui globalisent son être. Elle n'oublie pas Marc, leur sublime traversée sibérienne fut une grande secousse qu'elle met de côté par besoin de rigueur. Depuis l'abandon du confort de son cabinet de psy, si elle est plus libre, certains jours, sa vie ne tient qu'à un fil. Dès qu'elle sent la vigilance la lâcher, c'est l'alerte, et la peur d'être anéantie la tétanise. D'ici peu, elle fera signe à Marc.

À dix-huit heures, elle se rend dans la vieille ville et prend une petite rue menant à l'église Saint-Jacques-le-Majeur. Liée à une importante communauté monastique franciscaine, l'édifice surprend par sa démesure et sa remarquable décoration intérieure. À Prague, les églises offrent l'harmonie parfaite du gothique majestueux avec l'ornementation généreuse du baroque. La nef culmine à trente mètres. Soudain écrasée, Georgia se dirige vers une petite chapelle, allume un cierge et se recueille. Pedro lui conseille souvent d'aller renifler les traces des tueurs, les ambiances et les miasmes qu'ils respirent. Cette pratique d'imprégnation développe prescience et vision.

L'homme recherché a tué des jeunes femmes sous des latitudes diverses, mais il fréquente ou a fréquenté ces lieux-ci. Le repérage fait croître son intime conviction qu'il s'agit d'un frère franciscain — voire de deux — obsédé par un profil de jeune femme à cheveux blonds à frisottis encadrant un visage d'ange, une sorte de Botticelli… Servir d'appât lui vient à l'idée ; puis elle libère son esprit pour admirer les peintures en trompe-l'œil du plafond, et deux chefs-d'œuvre d'art baroque, dont la peinture de l'autel, *Le Martyr de Saint-Jacques*.

À la lumière du dehors, elle respire et se hâte, prend le magnifique pont Charles, quand jaillit son passé avec Pedro. Inondée d'émotions, elle sait l'avoir aimé dès la première seconde, au moment même où elle s'engageait à la CIA. Il jouait de la flûte de pan dans un excellent groupe à Miami. Dix-huit mois plus tôt, par instinct de survie, elle avait renoncé à sa carrière de psy, avant que les marais de l'empathie ne l'absorbent, elle et son surplus de kilos ! Sa formation de choc au sein de la CIA la rendit sculpturale et elle éblouit Pedro. Une note romanesque leur donna des ailes, et l'héritage ancestral de Pedro, si riche en perceptions extrasensorielles, les transcenda. Issu d'Amérindiens de Colombie, Pedro cherchait à utiliser ses dons dans une action au service du monde. L'envergure du bonhomme qui avait joué sur les cinq continents, parlait correctement le français, le mandarin, l'arabe, l'anglais, et bien sûr l'espagnol, l'impressionna. Georgia le présenta à son chef et, après six mois de formation intensive, Pedro entrait à la CIA à son tour. Ils étaient de la même appartenance, l'attraction magnétique fit le reste…

Elle sort de son bain quand il sonne. Il l'enlace, se propulse vers la salle de bains, le visage rayonnant. Une douche aussi rapide que soignée fait l'affaire et il prend d'assaut sa Georgia bien aimée – avec lui, ses orgasmes sont longs et puissants.

Par le *most Legii* (« pont des Légions »), ils passent sur l'autre rive pour dîner à *L'Intercontinental* d'où se contemplent le fleuve, la vieille ville et la nouvelle. La lumière transversale des baies éclabousse les boiseries ambrées qui transpirent encore de leurs amours passées. Leurs goûts identiques alertaient alors Pedro qui lui avait déclaré : « Nous sommes trop pareils, j'ai l'impression de me perdre en toi. Pas toi ? » « C'est vrai, nous fusionnons beaucoup, mais est-ce une tare ? » Péremptoire, il avait rétorqué : « Un danger ! » Si la gifle fut magistrale, elle ne désespéra pas tant leurs liens étaient productifs, complices et enrichissants. C'est après son expérience initiatique en Mongolie, à l'automne dernier, qu'elle prit de la distance avec Pedro. Grâce aux relations de son père, elle avait quitté la CIA pour entrer profileuse dans une agence privée. Néanmoins, dès que son agenda le lui permet, Pedro n'hésite pas à lui donner un coup de main pour des filatures ingrates, y compris faire un voyage dans un pays pendant qu'elle profile dans un autre. Refusant tout argent, elle lui a ouvert une assurance-vie.

Soudain, au milieu du repas il lui annonce :

– Ma beauté, j'ai une chose inouïe à te révéler.

– Je t'écoute, tu es bien mystérieux tout à coup.

– En enquêtant sur le mystique et autre chose… j'ai découvert l'identité de ta demi-sœur. Je l'ai même rencontrée, elle s'appelle Gill et te ressemble.

— Quoi ! Et tu ne me disais rien ?

— Pas avant de nous retrouver dans notre écrin…

— Je reconnais-là ta délicatesse… Il est vrai qu'ici les chocs sont plus doux qu'ailleurs, mais dis-moi vite !

Pedro raconte son enquête et parle de la sidération de Gill qui doit assimiler un tel héritage pour envisager le futur différemment…

— Comment te remercier de tout cela ? Je ne veux même pas savoir tout le mal que tu t'es donné…

— Ce fut intéressant, mais des collègues enquêtent sur l'assassinat de son mari, Alexandre Delvaux. C'était en décembre à l'île Maurice. Son fils d'un premier mariage a servi d'appât à des réseaux mafieux très informés sur la fortune Delvaux.

— Je pense que vous perdez votre temps…

— Comment peux-tu savoir ? Gill a hérité de l'immense fortune de son mari, cela suffit à la mettre en danger. Son entourage doit être surveillé, ses multiples placements épluchés, bref, toi-même tu n'as pas la meilleure des positions…

— Vous ne la soupçonnez tout de même pas de complicité ?!

— Nous savons qu'elle a filé le parfait amour avec son beau-frère Carl qui a un appartement près du sien à Auteuil. En juin, ils ont séjourné dans sa maison de Floride et ont poussé jusqu'à Acapulco…

— Ma sœur serait une veuve joyeuse doublée d'une croqueuse d'hommes ? Je demande à voir.

— Tout est possible : compromission, chantage, rapt. Tant qu'elle n'aura pas investi dans du lourd d'ici trois ou quatre ans, il faut rester vigilant.

— Vu sous cet angle, tu as raison. Je vais lui faire un topo de ma rencontre édifiante avec Badmaa, révélatrice de la personnalité complexe de notre mère et de sa double vie si romanesque…

— Dis-moi Gill, Harlan n'a jamais fait la moindre allusion à une demi-sœur ?

— Jamais de la vie ! Et depuis Badmaa, je n'ai pas eu le cœur ni l'esprit d'aborder un tel sujet. Je ne sentais pas le moment, mais tu viens de m'apporter l'élan et l'angle d'attaque. *Gracias* mon Pedro !

Prague, matin du 23 juillet

À la fois fébrile et concentrée, Georgia envoie un email à Gill. L'acte insolite n'allait pas changer la face du monde, mais chambouler des perspectives de vie. Depuis l'exorcisme de Mongolie, elle peaufine un préalable éclairant qui n'attend que l'instant opportun. Pedro, entraîné à la vision chamanique, a su préparer le terrain, et Georgia estime que le temps de l'incubation chez sa sœur aura fait son œuvre. Après le choc de la révélation, il y a de fortes chances pour que Gill soit maintenant dans l'attente éperdue de cette demi-sœur vivant aux États-Unis.

« À Gill, ma chère sœur,

Lors d'un exorcisme conduit par Badmaa, une chamane mongole, celle-ci est entrée en contact avec ma mère Scarlett. J'avais six ans à sa mort, il y a trente ans déjà. Elle habitait la France tout en voyageant à travers le monde pour mener sa carrière de pianiste concertiste. Un soir de récital à Broadway, son garde du corps attitré s'étant cassé la jambe, c'est Harlan

Rogers qui le remplaça. Harlan avait vingt-sept ans, tout juste entré au FBI, sa sensibilité musicale à peine éveillée, il fut ce soir-là terrassé par le talent de Scarlett, comme venue jouer rien que pour lui. Élu protecteur d'une femme aussi sublime, il poussa plus loin la transcendance, bien que la sachant mariée en France et mère d'une petite fille… toi ! Qu'importe, il allait s'y plier, respecter sa liberté et, pour incarner la fulgurance de son amour, il voulut un enfant d'elle. Le fruit de cet amour, c'est moi.

Malgré ses engagements, Scarlett annula quelques récitals, conta de beaux mensonges à son époux et prit le temps de devenir mère pour combler son Harlan qui savait la chérir. Selon Badmaa, Scarlett a vécu l'enfer lors de son éloignement de nous comme de toi et pensait quitter la France avec toi dès son retour d'Australie... Mais un accident aussi fatal que prémédité mit fin à ce beau rêve. Léon, le chauffeur-jardinier de Scarlett, englué dans les délires de l'amour qu'il lui vouait en silence, décida d'en finir. Lui aussi avait succombé à l'enchantement musical qui flattait tous ses sens. Par un jour d'orage, Léon connut la pâmoison de l'amour mystique dans l'exhalaison capiteuse des roses et des giroflées, et tomba sur un rosier aux épines noires. S'il affina par la suite sa technique, sa vie se déroula entre les crêtes d'un bonheur exalté et les abîmes de la désincarnation – en témoigna Hortense, la cuisinière et femme de ménage.

À son retour d'Australie, Léon se dirigea donc vers l'aéroport pour y cueillir sa patronne, mais avant de descendre de voiture, il prit dans la poche intérieure de son gilet sa fiasque, but l'ultime gorgée et partit, aveugle et déterminé, vers l'objet de sa folie. En attentant les bagages, il la scrutait avec fièvre, évitant d'interroger le déchirement de son âme simple. Étonnée par son attitude inhabituelle, Scarlett l'avait interrogé : "Eh bien Léon, vous êtes souffrant ?" À quoi il avait répondu : "Non, madame, j'ai fini de souffrir." Il chargea la voiture avec application et roula à tombeau ouvert jusqu'au pont de Charenton. La voiture culbuta puis s'envola pour retomber dans la Seine. Ainsi mourut Scarlett, belle, talentueuse et trop aimée.

Lors de la séance, l'esprit chargé de Léon épuisa Badmaa qui dut s'interrompre et remettre au lendemain la suite de l'exorcisme. Alors, dans un climat épuré, Badmaa me conseilla de retrouver ma demi-sœur, non plus aux États-Unis mais en France. Elle ajouta que d'ici quelques mois, j'allais faire une rencontre importante. En avril, la rencontre eut lieu, mais je demeure prudente.

Tu sais presque tout. Que cette ébauche t'aide à dégager bien des non-dits et à mieux saisir ta détresse passée. La pudeur engendre souvent les secrets, parmi eux, celui de ton père qui avait tout deviné, mais son cœur ne put supporter l'intensité que l'amour impose trop souvent.

À très vite, chère sœur. Ta Georgia pour toujours. »

Prague, soir du 23 juillet

Satisfaits de leur séjour sur bien des points, Georgia et Pedro s'offrent l'opéra. Si *Le Lac des cygnes* les enchante dans sa forme éblouissante, le fond repose sur l'amour contrarié, ou sa quête inaccessible. À son image, Tchaïkovski projeta tout au long de ses œuvres la difficile voie initiatique de l'amour dans ce qu'il a de sublime et de douloureux.

Près de Pedro, la tendresse l'inonde, la passion la torpille. Il l'a tant protégée, même de loin. C'est une protection qui les soude au-delà de l'engagement et de l'estime qu'ils se vouent. Au plus profond d'elle-même, une certitude l'habite : leurs vies faites de trames singulières et communes tissent à leur insu un grand filet, ou un hamac solide qui les recueillera un jour. Après l'exorcisme, elle s'était crue libérée, mais sa rencontre avec Marc l'avait relancée vers l'insondable sentiment amoureux. Obscur et lumineux, destructeur ou régénérant, avec Pedro c'est autre chose. Proche comme au loin, il est toujours dense et nourrit tous les interstices de sa chair et de son âme. Ce soir, près de lui, elle soupe à *l'Impérial Art Déco*, joyau de l'architecture Art nouveau et Art déco situé dans le centre historique de Prague.

Construit en 1914, il resplendit d'une élégance somptueusement modernisée. Près de la fenêtre, Georgia déguste ses mets dans un flottement qui vient de l'enfance. Son regard balaie la féerie des intérieurs, celle de la vieille ville, puis s'attarde aux arches éclairées où coule la Moldau, jouvence inépuisable où se noie le visage de Marc… Son agence vient de l'appeler, demain elle s'envolera pour Paris sur la piste du *serial killer* qui a sévi à Brasilia, Buenos Aires, New York et Prague.

Ses perceptions s'effilochent, la tenue du tueur alterne entre la bure écrue et la combinaison de ski blanche. Elle s'abstient d'en parler à Pedro : dans tout binôme, il est bon de ne pas partager ces riens qui grignotent l'âme. Comme dans tout couple, l'état larvaire est à dépasser, et chacun se doit d'apprendre à assumer ses propres émotions. Cette élégance méditative qu'elle inculqua dans sa carrière de psy sauva bien des fervents d'harmonie.

Paris, 24 juillet

S'il aime Paris au mois d'août, l'idée de s'installer chez Lipp plutôt qu'aux Deux Magots ou au Flore lui paraît curieuse. Un peu de soleil lui ferait du bien mais il en a abusé, comme du reste. Avec Georgia, Marc apprend à ronger son frein et se demande sous quels cieux elle opère. L'Amérique du Sud, le Pôle Nord, tout est possible. Il sera patient, il lui doit tant. À commencer par l'extraordinaire aventure de juin qui éclaira le mal de vivre qu'il noyait jadis dans le travail et le libertinage.

Depuis, le tumulte de ses eaux boueuses s'est apaisé et leurs limons se déposent le long de ses rives intérieures. Il sent ce lent processus à la fois d'allégement et de colmatage où fourmillent de minutieuses particules en quête du mutin, du rare, du précieux de la vie. Pourquoi avoir ignoré ce miel existentiel ? À brûler sa vie par les deux bouts, le cœur des choses lui échappait. Et pour qui sait décoder les roueries de l'inconscient et du hasard, le naufrage fut un coup de poker radical.

Marié depuis quinze ans à Clara, ils sont les heureux parents de deux fillettes. Clara est styliste, absorbée par son travail, l'équitation, ses filles, ses mondanités, tout en rêvant de son mari absent qui, à chacun de ses retours, sait la reconquérir. Ce mode de vie la comblait jusqu'à l'arrivée d'un troisième enfant, un garçon : coup de grâce sexuel pour le couple. Marc, désormais coupé de tout désir pour sa femme, s'en est détachée sans explications, avec un sentiment d'impuissance abyssale. Clara était passée de l'insouciance à une profonde amertume, sans pouvoir se réjouir de la venue de leur petit garçon. Georgia, témoignant de sa propre expérience, lui avait suggéré l'exorcisme. L'entreprise d'envergure fut facilitée par Paula, une amie de Georgia doctorante en anthropologie parlant le mongol. Le sujet de sa thèse était le chamanisme mongol. Ainsi, sa précieuse collaboration l'autorisa à filmer la cérémonie : une aubaine pour les protagonistes et pour elle-même.

Voilà un bon mois qu'il s'est lancé à l'assaut de sa généalogie. Il revoit la yourte de la vénérable Badmaa de la tribu Tsaatane, plantée près des mélèzes, avec rennes et chevaux. En amont, l'expédition fut périlleuse avec ses 3 000 kilomètres accidentés jusqu'à Mörön. Serguiev, un ami de Paula, les avait pilotés de mains de maître en 4x4. Chargés d'abondantes provisions en riz, farine, thé, café, raisins secs, miel, vodka, bougies, encens – offrandes destinées aux esprits et aux agapes du grand cérémonial du lendemain –, ils firent une halte chez le fils de Badmaa, à Mörön. Chacun prit un cheval mongol qu'il chargea de l'essentiel et, à dos de chevaux faciles à monter, les quatre voyageurs mirent le cap sur le lac Khövsgöl. À cette seule évocation, l'odeur des mélèzes lui parvient, il entend les cascades, voit le lac irisé d'argent et la pureté infinie des ciels immenses. Dès le lendemain, un cortège bienveillant s'était activé à préparer l'apparat et les mets ritualisant le cérémonial du soir.

Quand sonna l'heure de l'exorcisme, tout bascula. L'exercice n'était pas sans dangers, même si Badmaa avait du métier et savait sélectionner son entourage. Contacter l'esprit des défunts du demandeur est de la haute voltige aux règles rigoureuses. Le risque était de laisser glisser en soi durant la transe des esprits malsains, les *ongod,* qui bloqueraient le retour du corps et de l'esprit du chamane dans leur intégrité. La transe, exercice puissant, dévitalise le chaman, et le moindre grain de sable est fatal à l'atterrissage dans le monde des vivants. Malgré l'impact monstrueux qu'elle rencontra, la sortie de transe de Badmaa fut une réussite. Trente minutes plus tard, en pleine possession de ses moyens, elle incita Marc à se plonger dans son arbre généalogique.

À deux pas de chez Lipp, rue Saint-Benoît, il trouva une psychologue spécialisée en transgénérationnel. Par contre, glaner les informations à l'état-civil des mairies où figurent ses ancêtres du côté maternel fut un parcours de combattant. Chez sa psy Olivia, ses ancêtres sont tous là ou presque, disposés sur les branches de son arbre en grand format papier tendu sur le mur de liège. Il lui arrive de se croire nargué par tous ces noms et leurs dates de naissance, alors qu'il sue sang et eaux en pleine spéléologie familiale. Très vite, il entra dans un rôle de passeur et de serviteur d'une lignée de femmes maudites qu'il fallut réhabiliter par des rituels chamaniques de sept jours. Un autre cycle fut consacré aux enfants morts issus d'avortements, de fausses couches ou autres… et dont les deuils non faits les faisaient errer comme des fantômes squattant l'énergie de leurs proches vivant sur terre. Un dernier cycle dédié aux siècles d'ignorance qui avaient formaté ses aïeules au pilotage automatique du meurtre, finit de « purifier l'arbre ».

À la forge de l'analyse transgénérationnelle, il découvrait de semaine en semaine la puissance d'une sérénité qu'il n'avait jamais connue. Sans l'esprit acéré de Georgia, sans sa vigilance, où en serait-il ? Dans une ignorance crasse et sans fond probablement. Il revoit l'instant béni où elle l'avait invité à consulter quelqu'un d'avisé : « Marc, tu as un lourd héritage et je ne veux pas m'en mêler ; si je devenais ta psy, je deviendrais du même coup ta mère et nous serions dans le désir interdit… Tu me suis ? » Touché en plein cœur par ses propos, traversé par l'éclair de son regard noir, dans la seconde il fut responsable de tout. Il fondit de tendresse et se dit : « Elle est très forte, ma Georgia. »

La plupart de ses aïeules n'étaient pas des dominantes, mais des femme-enfants manipulatrices qui choisissaient des hommes protecteurs susceptibles de combler les carences que leur cœur ne pouvait assumer. Selon Badmaa, la pulsion de meurtre se transmettait par le réflexe du déni refoulé. S'ouvrant de son aventure à son épouse, Clara, grave et silencieuse, l'avait écouté : à croire qu'elle n'attendait que cela pour donner du poids à sa vie. Au fil des jours, Marc se fit aimant auprès de son petit garçon, et sut qu'en concomitance se « réparaient » les enfants sacrifiés de sa lignée maternelle. Lui-même, telle une chrysalide, accouchait d'un passé truffé d'épreuves dans une densité grandissante, s'incarnant avec lenteur. C'était un bonheur inédit, pondéré, profond, qui demandait du temps. Assainir son arbre devenait l'œuvre de sa vie.

Paris, soir du 24 juillet

Après Roissy, le duo de choc se fit déposer au logement de fonction qu'occupait Georgia à son « époque CIA ». Attribué à Pedro depuis, elle en bénéficie quand ses missions l'amènent à Paris. Près du parc Montsouris, la villa regroupe de petites maisons de style Art déco qui ont hébergé nombre d'artistes tels que Georges Braque, Foujita et d'autres. Ce lieu l'a chaudement abritée quand elle était sur le qui-vive et représente beaucoup à son cœur. La présence de ces âmes d'artistes aussi torturées qu'inspirées l'absorbait, parfois la perturbait sur un plan collectif ou transgénérationnel. Pour elle, ils étaient des figures d'ancêtres qui la rattachaient naturellement à sa mère française, elle aussi artiste. C'est ici qu'elle eut la révélation que nous étions tous en résonances, et même en liens pouvant être captés au gré des latitudes, des longitudes, des affinités et des nécessités de l'âme. Remuée par le souvenir de ces instants de communion mystique, elle retrouve la villa et ses jardinets parfumés du jasmin de plein été, des roses toujours roses, et ses pépiements d'oiseaux. Pedro parti en repérage pour une autre affaire, elle se penche sur l'imprégnation inhérente à sa mission. Le prédateur, objet de ses recherches et d'Interpol, aime l'argent, et est épris de sacré par souci de rédemption. C'est une personnalité dissociée du genre *Docteur Jekyll et Mister Hyde*.

À dix-huit heures, elle se dirige vers le 7 de la rue Marie-Rose. Au loin se dresse un bel édifice aux murs ocre, c'est le couvent des franciscains Saint-François de Paris dans le XIVe arrondissement, de l'époque années trente. Elle entre par la chapelle et se recueille, antennes dressées. Le calme apparent l'inquiète, les mauvais coups se préparent en silence, et le chasseur de trésors doublé d'un tueur fréquente les lieux sous divers aspects. Il est transformiste.

Les franciscains, ni moines ni cloîtrés, peuvent devenir prêtres. Actifs et contemplatifs, ils s'engagent partout où l'on a besoin d'eux. Leurs valeurs reposent sur la pauvreté, la simplicité, l'humilité, la justice, la paix, la foi en Dieu et la fraternité universelle envers tout être vivant de la création. Leur bure, long vêtement taillé en croix fait d'un tissu laineux râpeux, est retenue à la taille par un cordon blanc à trois nœuds, rappel des trois nœuds évangéliques qui sont à la base de la vie franciscaine. Certains frères sont aumôniers dans le monde carcéral : service social, surveillants, médecins, psychologues. Ces médiateurs ont un rôle de confident et communiquent avec les détenus par courrier interne ou par le bouche-à-oreille. Le frère Jean, aumônier au regard fiévreux, lui fait bonne impression. Elle prend rendez-vous avec lui pour le lendemain. Sur le chemin du retour, elle s'arrête chez un Chinois acheter le dîner et une bouteille de rosé. Arrivée en même temps que Pedro, elle enchaîne sur la préparation du repas, heureuse de savoir que leur soirée sera une parenthèse suspendue au-dessus des tempêtes. Tout ce temps devant soi devient une promesse de volupté qui fortifiera leur sommeil et leurs lendemains.

Paris, 25 juillet

Certaine que le tueur mystique a un rôle d'écoute et de soutien auprès des détenus afin de nourrir sa quête de sens, Georgia rencontre frère Jean qui s'épanche :

– Quand je rencontre pour la première fois un détenu, ce n'est pas un voleur, un assassin ni un pédophile que je vois, mais simplement une personne.

– Frère Jean, n'a pas ce regard qui veut…

– Certes, mais ils le savent très vite. L'aumônier est là pour écouter sans juger, sans se dérober à l'horreur de leur histoire, sans nier le climat de violence qui règne au sein d'une vie carcérale… J'avoue qu'il faut se blinder.

– Comment compatir à la douleur d'une personne qui a perdu son humanité par l'acte le plus barbare, aux prolongements irréparables ?

— Par le regard purifié de tout jugement, d'où l'importance de travailler en équipe et d'être supervisé.

— Frère Jean, vous êtes lumineux comme un saint.

— Pensez-vous, je rame. Il faut du temps pour bien connaître ces hommes et ces femmes détenus. Le pire, c'est le déni qui les maintient dans l'inconscience du désastre de leurs crimes, et nous fait impuissants…

— Le déni est une forteresse où l'irresponsable ne peut grandir, coincé au stade présocial. Dans ce cas, la voie du récidivisme *ad vitam aeternam* est inéluctable…

— C'est pourtant notre travail de les amener à comprendre que leur réinsertion est à ce prix !

— Dans ce sacerdoce où la gratification est assez rare, il y a un ressort : la compassion pour eux-mêmes. Il est vital de leur expliquer que tout n'a pas commencé avec eux, mais que des monstres étaient là avant eux.

— C'est si vrai… Quand l'être comprend enfin la gravité de son geste et intègre la souffrance de l'autre, s'engage alors une démarche de rédemption, de pardon à soi-même… là, la gratification est suprême…

— J'imagine ! J'ai œuvré avec des êtres non incarcérés, mais cloîtrés dans leur prison intérieure. Seul le travail en amont sur l'enfance peut faire exploser le béton !

— En gros, nous faisons le même métier…

— Maintenant j'agis sur le terrain, je débusque les chasseurs de trésors, d'héritages, les faux évangélistes, les prédateurs de tout poil…

— C'est nettement plus musclé !

En contraste total avec son côté doloriste, frère Jean éclate de rire. Georgia s'étonne de son talent à se mouler à l'autre et à l'imprévu. Vivement, il enchaîne :

— Les conversions les plus spectaculaires se sont faites, non pas chez l'homme, mais avec les grands singes abandonnés à leur naissance par braconnage des mères.

— Là réside la supériorité de l'animal. On le dit moins intelligent que l'homme, mais l'intelligence de son instinct n'a pas fini de nous étonner !

— Nous avons deux filières en Afrique et en Asie et pour ceux qui osent l'aventure, c'est fabuleux…

— Dans l'entraide des abandonnés, l'élan coule de source… l'animal ne déçoit jamais, ou presque jamais.

— Chez l'humain, ce n'est pas aussi net, mais nous ne voyons pas toujours le fruit de nos interventions ni tous ceux qui ont su rebondir…

— À ce propos, n'avez-vous pas essayé le psychodrame ?

— Mais si, tout juste ! Un comédien formé à l'Institut d'analyse de groupe et de psychodrame, engagé depuis peu, vient de mettre en place des groupes de dix. C'est une technique d'éveil fabuleuse et qui a l'air de passionner nos pensionnaires !

— C'est inespéré, attendez-vous à quelques métamorphoses surprenantes !

Paris, 26 juillet

Marc vient de recevoir un texto de Georgia. Elle lui raconte sa cure de nature en Arizona, où elle monte à cheval, goûte l'ambiance familiale et pense à lui. Il lui dit mener de front le transgénérationnel, les sorties d'enfants, l'incontournable Mac Do, et une Clara virevoltante entre travail, cheval, réceptions, enfants : c'est de bon augure. Il relit le message et se rend compte qu'il n'avait pas vu le *post-scriptum* qui précise : « On a coupé les cactus. » Mais quel idiot ! Cela voulait dire qu'elle était ailleurs, vivante donc, mais en situation délicate. Il n'est pas plus avancé : doit-il lui répondre pour lui parler de la femme qui lui ressemble, absorbée par l'écriture à la terrasse du Café de Flore ? Certes un peu plus âgée et sophistiquée, mais c'est à s'y méprendre. Il guette un signe, s'abîme en tension inutile ; surgit alors le spectacle des soixante-cinq compagnons de labeur engloutis dans les profondeurs de la mer d'Okhotsk. Quand cessera ce « syndrome du survivant » qui l'atomise de culpabilité ? Concentré, il visualise les eaux létales et les repousse au fin fond de l'horizon. Par trois fois, avec le souffle approprié et l'entraînement, ça marche. Son regard et son humeur viennent de changer et ce pouvoir salvateur sur lui-même le galvanise.

Allégé, Marc reprend sa rétrospective mentale qui débute sous l'azur sibérien, à bord de l'Express Golden Eagle où, nimbée des lumières de juin, Georgia monte. Le train les emporte vers Moscou dans ses précieux décors et le chic des cabines rétro modernisé. La leur fut un nid d'amour où leurs corps assoiffés se sont déchaînés, puis reposés jusqu'au dîner pris dans le somptueux wagon-restaurant.

Une moiteur l'inonde, Marc fait une pause puis reprend le fil des escales dédiées aux églises chatoyantes, reflets des sols riches en or et diamant. Le fleuve Amour étire ses méandres bleus entre la Chine et la Russie, en pacte de communion éternelle.

Vient ensuite le point le plus reculé des paysages glacés dont la vision d'infinitude est sa seule richesse. Ensuite, il se remémore le wagon-bar feutré, sur fond de musique jazzy, où Georgia rencontre un homme, un familier. Rien d'étonnant dans son métier que de croiser des connaissances à tous les coins du monde. S'il veut garder son amour, il doit travailler sa capacité de tolérance. Certes, l'homme au visage racé et à la denture de loup porte un gilet pare-balles sous son blouson de cuir fauve, et sa beauté ténébreuse le hante. Plus tard, s'il s'enquiert de son identité, mais Georgia est peu prolixe : « Pedro est un collaborateur précieux et nous avons une affaire en cours. Indien de Colombie aux perceptions peu communes, il me transmet des bribes de son savoir et travailler avec lui n'est que bonheur. Il va bientôt descendre pour prendre un avion. » Marc revoit son regard d'aigle, puis la sidération de la jalousie le cloue, sentiment inédit qui fige son cœur ! Il s'empare des vues d'Oulan Bator et du parcours confiant vers Badmaa ; puis Oulan Oude, capitale de la

Bouriatie, le ravit par sa diversité ethnique et culturelle : visages basanés aux yeux bridés luisant comme des agates, émergent au-dessus de vêtements bigarrés. Les mets traditionnels, le folklore chatoyant, les bâtisses colorées, le temple bouddhiste immaculé, l'étourdissent. Il se souvient s'en être remis à la porte du musée ethnographique, jadis une isba en bois et, n'en pouvant plus, il lui avait dit :

— Ces escales vertigineuses qui nous font grandir et nous font si humbles… qu'en dis-tu ?

— C'est la communion au monde par la beauté et l'humanité…

— Je m'attendais à une réponse plus psy… Veux-tu être mon gourou ?

— Mais tu rêves ! Et je pourrais aussi bien répondre que ces beautés cachent pas mal d'horreurs ! Bref, là où l'homme passe, il y a du grabuge, et se pose la question de la cohérence !

À la véhémence de Georgia, il avait pris peur ; craignant d'être à la traîne, il s'était juré d'aller consulter dès son retour à Paris...

Après dîner, installés dans leur wagon capitonné filant en direction du lac Baïkal, « la Perle de la Sibérie », il se revoit, tous deux munis de lunettes à vision de nuit ; Georgia avec son numérique, lui avec son caméscope, tenter de capturer la Sibérie dans sa partie la plus âpre et sauvage, avant de s'endormir, ivres de sublimités. La lumière rose doré de l'aurore pointe et suit un déroulé ascendant qui prépare à l'extase des cieux. Le lac apparaît, tel le premier scintillement du monde. Pour les Sibériens, l'étendue d'eau douce infinie s'irise de mysticisme et renforce leur ferveur pour les territoires invisibles et sacrés. Prosaïquement, les eaux abritent de nombreux hôtes, dont le phoque de Sibérie. Une baie retirée aux couleurs d'argent bleuté sert d'escale. Un barbecue est dressé pour fumer l'omul, poisson du lac qui, entre les mains des chefs du transsibérien, devint un mets exquis. Après le repas, ils descendent jusqu'au rivage où seule Georgia affronte les eaux cristallines et glacées. Non loin, Listvianka, cité blottie dans des vallons plantés de bouleaux, au charme de conte de fées. Georgia en irradie, lui reste coincé dans la partie du conte où sévit la marâtre. Si le bonheur repose sur la sécurité intérieure de la petite enfance, il a un sacré retard. Mais sa Georgia, qui ne badine pas avec l'amour, le met sur orbite en lui posant la question du siècle :

— Tu veux vraiment savoir pourquoi tu as été addict compulsif durant des lustres ?

— Et comment !

— N'ayant pas eu de mère aimante, tu t'es servi de ton pénis comme d'un cordon ombilical pour combler tes manques affectifs.

— Mais c'est ahurissant !

— Avec un mode de sevrage émaillé de ruptures multiples et violentes.

— Mais comment expliquer ma fidélité à Ewa ?

— Baignant dans la vaste matrice des tziganes, nourri de leur chaleur et devenant une sorte d'enfant-roi qui a trouvé un royaume, pourquoi aller ailleurs ?

Depuis cette mise à nu magistrale, il prend goût au travail de tri minutieux : il a vidé ses placards, retourné ses tiroirs et se pose de meilleures questions. S'il voue à Georgia une gratitude éternelle, il se demande si elle pourra vivre avec un béotien comme lui.

Aux Deux Magots, 30 juillet

Par un soudain besoin de lumière, il installe ses pénates aux Deux Magots, pour continuer de faire défiler le diaporama de ses états d'âme. Il commande une tarte Tatin et un double expresso. Avant la pluie annoncée, il profite du reste de lumière pour ouvrir le bal des réminiscences. Irkoutsk, le soi-disant « Paris de la Sibérie », malgré une architecture de bois d'influence chinoise et mongole. Il s'attarde sur la richesse des musées, les coupoles d'or, l'élégance des façades, le romantisme du jardin botanique, et le parfait chef-d'œuvre néogothique qu'est la gare. Là plus que partout ailleurs, l'ambivalence du monde n'est que vertige : pourquoi tant d'exactions infligées au peuple russe alors que leurs splendeurs patrimoniales restent intactes ? Une pluie cinglante précipite trois femmes qui s'ébrouent avec vacarme, commandent leur chocolat et reprennent leur propos grivois.

Marc enfourche son destrier pour Novossibirsk, florissante d'arts, de science, de littérature, et de son bel opéra en rotonde. Vient Iekaterinbourg, capitale de l'Oural fondée par Pierre Le Grand, à l'architecture constructiviste, telle la Tour blanche incarnant le socialisme triomphant des années trente. Pourtant, l'aspect cosmopolite télescope le pesant néoclassicisme de Staline, laissant la ville en attente d'identité. Ce site poignant fut celui de l'exécution de Nicolas II et de sa famille par les bolchéviques en 1918. Dans l'église honorant leurs mémoires, des malaises l'avaient étreint et il avait pensé à sa mère polonaise. Dans le brassage des peuples, il se demandait si son exil à Vladivostok ne cachait pas autre chose que le travail ? Une pensée d'Anaïs Nin l'effleure : « Nous voyageons pour chercher d'autres états, d'autres vies, d'autres âmes. »

Marc s'abandonne aux humeurs de la Création, regarde le ciel d'été tenter un retour, et ferme le bal des souvenances. Les trois femmes mettent les voiles en laissant la porte ouverte. Une brise glacée s'engouffre telle l'haleine des plaines de l'Oural. Il frissonne, demande un grog dans la joie d'être seul en cette fin d'après-midi lugubre. Incroyablement gris, mais bientôt lumineux, Marc assiste à la renaissance d'un soir d'été.

Paris, soir du 30 juillet

Huit heures trente. D'allure sportive, une femme remonte l'avenue René-Coty et tourne rue d'Alésia pour se rendre à la prière silencieuse de la chapelle de la rue Marie-Rose. Coiffée d'un bonnet blanc d'où émerge des frisottis blonds, une mousseline blanche recouvre ses épaules à la manière d'Isadora Duncan. Une minerve renforcée s'y dissimule, tandis que son torse est protégé d'un gilet pare-balles. De la taille au pied, un caleçon en cotte de mailles, camouflé d'un jean, la revêt. Elle pénètre dans le lieu de culte, s'accorde un instant de beauté pour la récente rénovation qui rehausse l'éclat d'antan et celui des vitraux. Depuis les travaux, de nombreux laïques fréquentent cette chapelle. Le frère qui préside la célébration est une synthèse parfaite d'amplitude et de sobriété, et son regard vif derrière ses lunettes est aimanté. Elle frémit, une légère convulsion la traverse, puis elle entre dans le silence béni. La prière s'achève, un bref étourdissement s'empare d'elle et l'alerte. Elle laisse passer une trentaine de fidèles, mais aperçoit dans une petite allée sombre, une silhouette à la carrure puissante qui rejoint la file pour la dépasser en direction de la sortie. C'est un frère vêtu de sa bure qui s'échappe à vive allure. En chaussures feutrées, elle lui emboîte le pas en direction de la rue du Père-Corentin. Une fois l'angle de la rue dépassé, plus de traces, mais deux coups violents à la nuque et au cou lui sont portés. Un couteau s'est heurté à sa minerve, elle tente de se dégager quand un bras de fer l'immobilise. Une lame s'active à dépasser toute résistance pour entailler ses fesses et viser l'anus. Sa cote de maille finit par craquer, une lame la pénètre : c'est la fin.

Deux coups de feu, et le bras de fer se relâche, elle se retourne et voit un homme masqué se tordre de douleur. Un couteau luisant de sang tombe de sa main, il tente quelques pas, puis s'écroule dans une large flaque d'eau. Bondissant comme un fauve, Pedro surgit avec deux policiers. Georgia brûle de ses entrailles alors qu'une rivière tiède s'écoule du bas de ses reins. Elle macule le trottoir déjà mouillé de pluie. Un état d'apesanteur la submerge et, inconsciente, elle s'envole ; tandis que sous l'effet de la loi de la pesanteur, elle s'affaisse. Pedro la rattrape avant qu'elle ne se fracasse.

Chez Lipp, 5 août

Dès son entré chez Lipp à une heure creuse, son coin l'attend, l'espace sacré où la force romanesque de son aventure a pris forme et profondeur. Georgia est le sel et le panache de sa vie, la verticalité assurée, la noblesse attendue. En cette ultime visite à son refuge, il surfe sur la dernière vague des réminiscences. Désormais, sa halte se fera au Flore ou aux Deux Magots quand il ira chez sa psy. Pour l'heure, seuls les derniers instants à bord l'intéressent : lecture, repas, boissons au bar où le swing musical, sensible à la pression du temps, s'embrouille dans son tempo. La gravité est palpable, encore au loin, mais se rapproche, inexorable. Ses nuits tziganes n'ont jamais atteint une telle pureté dans l'extase. Pourtant son corps réagit – preuve de son incarnation –, il respire et poursuit. Son bas-ventre ressuscite la douleur de la jouissance, l'impression que leurs sexes sont interchangeables, puis vient l'extrême fusion des corps où des interstices s'ouvrent comme des terres vierges. Il tremble, attend, plonge dans le Tatarstan et la flamboyance de Kazan. La capitale répand ses richesses le long de la Volga. Du théâtre gothique byzantin à Notre-Dame-de-Kazan, les clochers scintillent d'ors séculaires, alors que coupoles et minarets hiératiques se découpent sur un ciel d'émail. Hors de la ville, le Temple universel des religions, œuvre insolite d'Ildar Khanov. Architecte tatar, medium-guérisseur à ses heures, il sut réunir les religions sous une même coupole par la fulgurance de son esprit. Depuis, flèches, croix, croissants de lune et étoiles de David se côtoient dans la pureté azuréenne. Le message, caresse de paix sur l'âme du monde, est aussi porteur de puissance géopolitique. L'épopée s'achève à Moscou. Sortir de l'Express Golden Eagle pour affronter le Kremlin et la Place Rouge fut un accouchement douloureux pour Marc, une fracture dans leur belle évasion. Peut-être dans leur amour ? À cette pensée, il se glace. S'ensuit un océan de cathédrales, palais, coupoles, l'incroyable basilique Saint-Basile, puis la cathédrale Saint-Georges au bulbe d'or ceint de quatre autres, bleus et cloutés d'étoiles d'argent. C'est « orgiaquement » beau, proche d'une écrasante démence, comme l'amour sait en produire.

Dans l'épais jardin du Kremlin, véritable havre de paix, près du chêne planté par Iouri Gagarine en 1961, Marc s'apaise. Georgia est préoccupée. Sur le nuancier du bonheur, lui remonte d'un cran. Leur nuit passée au cœur de la ville avait été étrangement chaste. Instant de répit pour l'un, d'expiation pour l'autre ? Le lendemain, il s'était envolé vers Paris. Georgia, discrète au plus haut point, l'avait informé qu'elle le contacterait.

Alors qu'il range son trésor bourré de nostalgies, il s'avise de jeter un œil en face et reste cloué. Un homme basané en redingote et chapeau noirs, cheveux de jais mi-longs, entre au

Café de Flore pour se diriger vers le sosie de Georgia. C'est Pedro ! Un ouragan l'ébranle, il tente de se lever mais doit se rasseoir. Il respire profondément, anticipe sa traversée du boulevard Saint-Germain, se lève en flageolant, prend de l'assurance, et s'élance comme marchant sur les eaux. À cinq mètres du Flore, sa prothèse le blesse et sa démarche devient incongrue. C'est idiot, mais qui d'autre que Pedro peut lui donner des nouvelles fraîches ? Alors, oublieux de son mal, Marc franchit le seuil du café comme l'épreuve engageant sa vie entière.

Café de Flore, soir du 5 août

Une fois entré, le monde tangible le rassure. Pedro le reconnaît, s'avance, lui tend la main et lui présente Gill, la sœur de Georgia. Un trouble le saisit, mais il s'explique :

– La magie du biologique et sa reproduction, à l'identique ou presque, m'a toujours scotché ! La même incroyable beauté qui me tourmente depuis une douzaine de jours, depuis que je fréquente Lipp...

– Par quel étrange hasard étiez-vous là ? fit-elle dans un large sourire. Mais quelle histoire que la nôtre !

De sa voix chaude de latino, Pedro la rassure :

– Le pire est derrière nous et l'avenir nous attend.

Marc s'impatiente, Pedro s'en aperçoit et lui raconte la tentative d'assassinat sur Georgia, l'état critique de l'artère fémorale, la perte de sang, les blessures profondes et son mutisme de cinq jours. Quatre séances d'hypnose ont fait des merveilles sur le traumatisme, et la résurrection s'est produite la veille au soir. Après un bref résumé sur la traque du tueur, Pedro poursuit :

– Placé à l'arrière pour protéger l'appât Georgia, un loup à deux têtes est sorti du bois ! Dans la poursuite de l'un, l'autre attaquait.

Le portable de Marc sonne, c'est sa bien-aimée qu'il pourra aller visiter dès le lendemain : elle a recouvré ses esprits et ses forces reviennent en même temps que se libère sa vie onirique. À l'issue de sa nuit débordante de rêves, elle a décidé de partir en convalescence chez son père. C'est aussi le chant du cygne de sa carrière de profileuse. Sidéré, Marc articule :

– Dis-moi, chérie, tu n'as pas été très prolixe ces derniers temps, et d'un seul coup… Remets-toi, ce chant du cygne me paraît prématuré.

– C'est ainsi que fait un grand génie qui cesse de l'être, non ? Viens demain, tu en sauras plus.

– D'accord. J'ai l'immense plaisir d'être à côté de Gill, veux-tu lui parler ?

– Il serait temps de comparer nos affinités, non ?

– Bravo, l'humour revient. Je t'aime ma Georgia.

Pendant que les deux sœurs échangent, Pedro évoque le monstre à deux têtes. L'agresseur de Georgia est entre la vie et la mort. La deuxième tête du monstre, son jumeau, s'abrite aussi en des lieux de culte… Il a vu une ombre chinoise précéder la scène, puis s'enfuir. Il lui parle de la démission de Georgia, malgré ses dons :

– Elle voyait l'assassin tantôt en tenue de ski, tantôt en bure, et avait fini par se dire qu'ils étaient deux, sans oser m'en parler…

– Son assassinat manqué est un avertissement… Du reste, ses dons peuvent s'appliquer à bien des domaines, mais si possible moins violents…

— Très juste. Les jumeaux croates élevés sans (re)père, avec une mère immature, l'ont achevée. C'est la thérapie équine qui l'attire maintenant…

— Que de ressources en elle ! Quand je pense à ces mères qui formatent les trois quarts du temps des monstres… Je l'ai échappé belle !

Pedro éclate de rire et subodore que Marc a un contentieux maternel un brin gratiné. L'énigme des créatures qui donnent la vie, sans formation préalable, sera-t-il un jour un sujet de société bien posé ? Touché par l'inconséquence des aveuglements humains, Pedro poursuit l'histoire des jumeaux délinquants précoces, mercenaires engagés dans des guerres civiles, toutefois ils ont eu droit à des plages de réflexion grâce à Luka qui fut remarqué par un « médecin sans frontières » :

— Longtemps complices, leur destin bifurque dès que Luka trouve refuge dans un couvent de frères mineurs franciscains à Buenos Aires. Il apprend l'espagnol, le français, la psychologie et se forme à la mission d'aumônier. Viktor, genre Barracuda, persiste dans la violence. Ils ont joué de leur ressemblance, mais aucune preuve n'atteste à ce jour que Luka soit une personnalité dissociée. S'il l'est, la mort de son frère, ou sa mise en prison, peut réveiller un archaïsme refoulé…

— Le fameux « retour du refoulé », la bombe à retardement m'a expliqué Georgia…

— Oui, le tsunami qui déclenche des symptômes inattendus, très dangereux pour les proches et la société. C'est aussi un calvaire pour ceux qui en sont atteints !

Pedro avale son expresso, observe Gill à l'écoute, et revient à Marc, mi-facétieux, mi-sérieux :

— Les mères vous hantent, mais que dire de l'homme, de ses dérives outrancières, de son irrespect ravageur envers la planète et lui-même ? Dans son coma, Georgia a vu l'humanité glisser vers l'inéluctable…

— J'en suis bouleversé et je ne doute pas un instant qu'elle s'apprête à faire de grandes choses…

— C'est bien mon avis, aidée de Gill. Georgia a de grands rêves pour son dépassement personnel et pour la planète. La synergie des deux sœurs est prometteuse.

— Quant à votre Botticelli, je crois qu'il a plus de deux têtes. Si le jumeau aumônier est à Buenos Aires, impossible d'être le second à Paris… ?

— Exact, mes collègues argentins s'en occupent, les *copy cats*[6] se reproduisent comme des champignons…

Un silence s'installe entre les deux hommes qui se jaugent avec bienveillance et une sagesse naissante. Chacun croit déjà percevoir le sort qui lui incombe. L'un et l'autre sont suspendus au bon vouloir de la conversion fracassante de leur Georgia. L'instant est follement double : une volupté délicieusement romantique, ou un moment cruellement cornélien. Marc mesure la portée d'une telle décision et du choix qui en découlera. Mi-enchanté, mi-désespéré, il s'entend répondre :

— Ce que Georgia décidera sera bon pour elle, mais aussi pour le bien de tous, puisque la bonne santé de la Terre-mère, c'est aussi la nôtre.

---

[6] Imitateurs.

Le Clos d'Alexandre, du 8 au 15 août

Gill s'occupe de sa « nouvelle petite sœur » venue de voies célestes. Comment soupçonner son existence ? Le mystère des mères est insondable. Georgia a le bagage pour incarner tout ce qu'elle n'a pas eu : un vrai foyer, une grand-mère aimante, un père sécurisant, et une mère commune trop tôt disparue… La roue vient de tourner et lui offre un rôle de grande sœur attentive et apaisante, cadeau inestimable qui embrase chaque jour leurs cœurs et s'apprécie sur le long cours. Là où le temps est nécessaire au rabotage des névroses enfantines, Gill et Georgia échappent aux rivalités sororales… Quel temps gagné sur une trajectoire conforme, bien cadrée entre les clous du convenu ! L'évocation d'un tel raccourci rend leur situation lumineuse : comment se sentir victimes d'un destin qui fait l'économie des pièges ordinaires ? C'était à mourir de rire, entre elles deux, dès qu'elles y pensaient !

Georgia s'entiche du Clos d'Alexandre, du bon goût de ses décors, de la fine cuisine de Luigi et Grant, et de la présence sémillante d'Alexa. Il est indiscutable qu'au Clos, à peine entrée, elle y a déjà des racines. Ses projets avec Gill, soudés par les liens du sang et du cœur, n'en seront que plus créatifs dans leur ampleur humaine et écologique. Sans son assassinat raté, Georgia n'aurait pas eu la révélation : le coma a drainé ses tréfonds, interrogé son humanité, puis orienté son esprit vers l'urgence : la pollution de la terre et des océans. Avant le grand saut, elle goûte l'arrêt momentané dans la douceur maternante de Gill, mais l'une et l'autre assouvissent le besoin d'affection auquel leur « enfant intérieur » frustré aspire. L'amour, qu'il soit maternel, filial, érotique, empathique, inconditionnel ou mystique, demande au départ d'être touché, ému, ébranlé d'infiniment petit, de mutin, d'humble, pour se féconder. Après seulement, il peut s'ériger en flamme. L'amour, c'est l'initiation de l'infiniment petit vers le plus grand.

Marc et Pedro sont là aussi, dans un lien surprenant qui leur confère la noblesse du détachement. Grant, sensible à leur tacite complicité, prend du temps pour se joindre à eux, philosopher sur divers aspects de la vie, dont l'impact du mouvement sur la dynamique physique et la plasticité du cerveau… D'où la mise en place de ses ateliers « *Body & Mind* » pour bientôt.

Georgia attend le retour de son étincelle qui ne saurait tarder. Elle va s'accorder un peu de temps pour revisiter son enfance et combler quelques trous. Si elle rêve de chevauchées dans les plaines et le désert, elle ne perd pas de vue sa priorité, son phare : la planète. Marc et Pedro, gentlemen avant tout, ont l'intime conviction que l'espace et le temps sont les seuls cadeaux à offrir à Georgia. Quant à sa santé, le revirement du destin des deux sœurs y remédiera de lui-même. Bientôt, ils repartiront nostalgiques mais rassurés.

Sans lâcher les vertus de la généalogie, bien au contraire, Marc va rentrer à Vladivostok, reprendre son poste à Irkoutsk Energy, clore son contrat un peu plus tard, et faire aboutir son divorce, sauf avis contraire. *Évolution* rime assez souvent avec *révolution*.

Loin d'en avoir fini avec les Botticelli en puissance, Pedro, quant à lui, s'envolera dès le lendemain pour l'Argentine.

Envol vers l'Arizona, 16 août

Tels deux beaux oiseaux animés d'une fièvre nouvelle, Gill et Georgia s'envolent pour Phoenix. Dans la clarté scintillante des cieux, au même instant, un frôlement d'aile les effleure. L'âme de Scarlett errant dans les sphères de pureté et d'amour de l'univers veillerait-elle sur ses filles ? Des filles que des affinités soudent de minute en minute, comme le cheval : le monter et mettre en valeur le médiateur thérapeutique qu'il est. Georgia fait de l'équitation depuis l'enfance, Gill n'en est qu'aux balbutiements. À son retour de Floride, elle s'est inscrite au centre équestre *L'Hibiscus* où la finesse des équidés lui fut révélée. La densité rassurante du cheval face aux disharmonies humaines fut des plus absorbantes. Une saveur d'éternité qui, mêlée aux goûts de sa sœur, se corse et progresse vers un fumet violent.

– Je faisais de la méditation une affaire mentale, alors qu'allongée sur le corps de Gypsie, connectée à sa sagesse, j'ai tout saisi avec fulgurance.

– Génial ! Je vais contacter Ramon Alvarez, moniteur d'équitation, coach équin, formateur auprès de soignants (psychomotriciens, psychologues, orthophonistes, kinés, infirmiers, médecins…)

– À peine remise du pouvoir transformateur du cheval sur l'homme, voilà que tu combles mes lacunes !

– Les chevaux ont un imaginaire puissant connecté à notre dimension archétypale, c'est pour cela qu'ils sont d'excellents médiateurs de la dynamique des émotions.

– Exact ! L'autre jour, j'ai commis une erreur en descendant de ma jument. La fois suivante, elle me l'a fait remarquer et j'ai obéi illico !

– Et si la médiation équine, qui semble utiliser les principes de la psychologie humaniste, était issue du comportement de ces merveilleux animaux ?

– Tu veux dire que ce sont les éthologues qui auraient fait le gros boulot à la base ?

– Je parie que Freud s'en est inspiré… le ranch de Ramon est à Scottsdale, à douze miles du nôtre. Demain, je l'appelle pour des cours, et j'ai un projet pour nous.

– Je veux bien quelques cours, mais tu parles comme si j'allais vivre en Arizona !

– Pourquoi pas ? Mais dormons pour débarquer toutes fraîches.

À l'aéroport de Phoenix, terrassé de bonheur, Harlan accueille les filles de Scarlett, qui sont aussi les siennes. Lui qui avait passé sa vie à maîtriser ses pulsions et celles des autres, succombe devant les deux visages qui n'en font qu'un : celui de son grand amour arraché trente ans plus tôt. Sur son visage raviné se lit la souffrance qui le lamina longtemps, et un trop-plein de larmes déborde. Pleine de compassion pour ce père sensible à la carapace indestructible, Georgia s'approche tout près :

— Papa chéri, laisse couler, nous t'aimons tant…

Il sourit, sèche ses larmes et ouvre grand ses bras :

— Mes filles, je vous promets de bien me tenir à l'avenir…

Gill tombe sur sa poitrine, toute à la griserie de le voir si présent, en digne représentant de la mémoire de sa mère, et de l'amour éternel qu'il lui vouait.

Ils traversent Mesa, ville élégante en surplomb, chatoyante, cernée de paysages grandioses où coule la longue rivière Salée. Nimbés des ocres du soir, ils pénètrent le ranch dans le vent sec de l'Arizona. Azucena, la délicieuse compagne d'Harlan, les attend avec un repas aux saveurs boucanées-pimentées qui donnent audace aux chagrins. Les fruits et le rosé gorgés du soleil californien finissent d'euphoriser les deux sœurs qui repoussent le temps qu'il faudra pour absorber l'incommensurable. Tout reposera sur l'indéfectibilité du lien sororal qu'elles découvrent à l'âge de la présagesse. À contre-courant du représenté, elles seront des artisanes, des fileuses de fils à tirer et à rattraper jusqu'à ce que le canevas de leur avenir prenne forme.

À la flamme de la résilience, elles laissent une part belle à l'improvisation et n'ignorent pas que leur infortune les a écartées du lot commun des rivalités enfantines. L'absence de pathos infantile les virginise, si bien qu'à son évocation, elles partent en des rires dont les murs du ranch, Harlan et Azucena se souviendront longtemps.

Harlan goûte la joie de ses filles, mais son besoin de s'ajuster entre sa part de rêve et le réel est grand. Il observe aussi le mystère de leurs âmes où chacune cherche en l'autre la pépite maternelle qui leur a tant manquée. Puis il finit par se ressourcer à la vitalité rayonnante des beaux fruits offerts par Scarlett.

Gill rappelle à Georgia que ses pansements sont à changer d'urgence. Avant de se retirer, elles embrassent Azucena et Harlan avec la maladresse des petites filles longtemps privées de parents et, à leur insu, leurs corps expriment la grâce de leurs jeunes années.

Mesa, Tonto National Forest, août

Le ranch d'Harlan Rogers est situé dans un panorama suffoquant de beauté. Le minéral s'y nuance de roses, d'ocres et de terre brûlée. Les parcs abondent de luxuriance et d'animaux sauvages, les rivières sont longues, sinueuses et bleues, les lacs immenses et poissonneux, les déserts infinis, et la lumière intense achève d'en faire un éden sur terre. En trois jours, Georgia reprend force et souplesse, ses blessures cicatrisent à une vitesse étonnante et Gill veut en découdre avec le désert. Harlan leur propose un mini safari à Tonto National Forest, bien que Gill ne rêve que du Grand Canyon qui requiert deux ou trois jours de visite. Seul le Tonto est à la mesure de Georgia, alors Harlan y conduit ses filles.

Sous l'intensité bleue du climat désertique, un champ de cactées altières, chargées des fruits du plein été, se déroule devant elles. Géantes, impressionnantes de force, de couleurs et d'éternité sous la canicule, de plus armées d'épines, elles font partie des chefs-d'œuvre de la nature. Les sœurs s'éloignent à regret et reviennent, muées par la nécessité d'absorber un surplus d'endurance et d'essence du nectar qui en émane. Leur esprit imprime l'image hiératique et solaire, puis elles reprennent leur périple par des sentiers ombragés.

Martinets et mésanges sillonnent l'air. Sur un arbre flexible, un ravissant colibri chante son hymne à la joie. Dans un fouillis de branchages, une cascade d'écureuils offre la flamboyance de leurs queues en panache. Haut dans le ciel, trois faucons planent sans perdre de vue l'état des lieux qu'ils nettoient au premier cadavre à terre, à la vitesse de l'éclair.

Elles palpitent en marchant aux relents fauves mêlés des senteurs du désert, s'amusent à les distinguer : le sable rouge, l'armoise, le genévrier surchauffé, les aiguilles de pin roussies. Ce sont les parfums d'enfance de Georgia. Pour Gill, les essences ne lui sont pas inconnues, mais elles flottent en nébuleuses. Tout à coup, l'humus chauffé suffoque Gill et ressuscite le safari-photo en Afrique du Sud. C'était avec un George fringant à l'époque. Aussitôt défile une fresque de grands félins, d'éléphants, une flore extravagante, des savanes couleur de blés mûrs et les beautés océanes du Cap. Était-elle heureuse lors de ce voyage ? Sans doute, son quota de matérialisme n'était pas épuisé. Mais la touffeur épuise Georgia qui demande grâce. Une halte sous les ombrages s'impose, elle s'étend sur un grand paréo pour faire un peu de yoga, tandis que Gill poursuit sa promenade, fourmillante d'idées.

Elle ne se reconnaît plus en la femme auto-manipulée par sa vision matérialiste créatrice de besoins compulsifs dont l'amplitude génère l'effet « tonneau des Danaïdes ». Réduite à son statut de femme fortunée, elle en avait perdu l'insouciance qui prolonge la jeunesse et le zeste de sagesse qui génère la souriante plénitude. Combien de milliardaires de par le monde croulent sous le joug des diamants et des visons, hébétées, le regard éteint… ? Elle veut aller au bout de sa révolte contre la richesse qui engendre la soumission, stérilise les cerveaux, annihile la perspective de l'essentiel. Pire, le fantasme des rêveurs de fric fait de grands malheureux. Sous cet angle, la richesse est plus indigne que la pauvreté. Mais où en serait-elle sans Grant ? Veuve richissime engoncée dans la crasse de l'ignorance, alors que sa rencontre avec un élu de Bouddha l'a mise sur les rails d'un ressort qui articule *principes de plaisir et de réalité.* Par l'équitation, elle passe à la pratique et, sans paroles, juste par la présence de l'animal télépathe, modèle de spiritualité incarnée, une conscience inspirée s'infiltre en elle. La force du cheval – et des animaux en général – est d'échapper au ressassement mental, ce qui le met en prise directe avec l'origine divine de l'âme. En pleine cohérence et clarté, elle rejoint sa sœur tout juste réveillée :

– Comment se porte ma guerrière adorée ?

– J'ai dormi et rêvé, c'était fabuleux…

– Tu me racontes, ou plus tard ?

– On y va, et ça viendra naturellement…

Dans la zone arborée, elles croisent une famille de dindons sauvages, un renard gris en fuite, et trois gracieux cerfs à queue blanche qui déclenchent des clichés souvenirs. La montée vers les habitations troglodytes des Indiens Salado, perchées à flanc de falaise, est assez facile. Ces constructions des XIIIe et XVe siècles sont friables et tenues à l'écart des itinéraires touristiques. Elles sont ainsi des havres de paix et d'authentiques trésors pour les amoureux de l'histoire amérindienne. Sur l'herbe, elles absorbent un silence venu d'un âge reculé, tissé de sensations palpables et surnaturelles. Gill appelle Harlan et lui donne rendez-vous à la sortie du parc d'ici trois quarts d'heure. En chemin, Georgia raconte son rêve :

– Je te préviens, pas sûr que cela te plaise ! Nous étions implantées aux abords de Gila Bend dans un univers de western. Tout resplendissait, nous vivions sans homme, juste entourées de mustangs, de personnels, de corrals, face au désert… Qu'en dis-tu ?

– Que tu forces un peu les frontières de mon cerveau, mais selon de récentes découvertes, notre cerveau a une plasticité infinie qui permet de reculer nos horizons, nos convictions, nos projets, etc…

– La méditation participe à la neuroplasticité cérébrale, mais je vais te parler d'un livre terminé hier soir : *Sexe et tempérament* de Margaret Mead, écrit en 1935, édifiant quant à l'impact socioculturel qui détermine les rôles femmes/hommes, bien plus que la biologie dans certaines sociétés ou tribus.

– C'est bien l'anthropologue américaine qui a dit : « Ne doutez jamais du fait qu'un petit nombre de gens réfléchis et engagés peuvent changer le monde » ?

– Bravo ! Tu l'as lue ?

– Oui, j'ai lu *Sexe, féminisme et indépendance* écrit en 1925. C'était une militante de première heure qui a débuté par des études de psycho. Concernant l'avenir, je crois beaucoup aux volontés citoyennes pour sauvegarder les écosystèmes. J'ai en tête la formule du président Jacques Chirac qui avait dit au Sommet de la Terre en 2002 : « Notre maison brûle, et nous regardons ailleurs… »

– Nous allons suivre l'alerte à peine entendue de ce visionnaire. Le déni fait le malheur du monde !

– Pour notre future ONG, j'ai demandé à rencontrer le chef des Chiricahuas. Je compte sur l'esprit inventif du peuple Rouge à la vision tellement globale…

– Tu as fait ça ? Je t'adore ! Quelle riche idée ! Leurs ancêtres ont vécu dans une sobriété heureuse, ils ont sûrement des astuces pour étayer les bases d'une éthique salvatrice et intégrale...

– C'est bien demain notre séance avec Ramon ?

– Demain à dix heures. Prépare-toi au passage de ta douce Gypsie aux mustangs !

Le portable de Georgia sonne, c'est Pedro. Il est à Phoenix et s'invite à dîner et dormir au ranch. La surprise est de taille, elle s'empourpre, sa petite flamme en veilleuse s'affole. Le temps de se resituer dans l'espace à venir, Georgia se calme et se concentre sur la flambée du soir qui l'attend.

Auteuil, 3 septembre

L'été s'évanouit sous les brumes matinales qui s'attardent sur les allées de l'hippodrome d'Auteuil, mais n'a pas dit son dernier mot. La nature verte et dorée, rouge et cuivrée offre encore sa vigueur. L'aube pointe à peine quand d'atroces aboiements réveillent Jack, le jardinier. Pas de doute, il s'agit d'un chien qui hurle à la mort. Immense, comme adressée au monde, la détresse est poignante et l'arrache à son lit. Jack saisit sa torche et part en direction des appels sans savoir s'il sera à la hauteur d'une telle souffrance. Fébrile, il traverse les deux allées et, près d'un buisson de l'allée des Fortifications, un Akita blanc hurle sa détresse. Sa jolie tête ravagée de douleur et son regard suppliant débordant d'humanité terrassent Jack. Il fond d'empathie, le caresse, lui parle, sa douleur devient la sienne, il le reconnaît et va tout faire pour le secourir. Sous le buisson gît un corps, celui d'une jeune femme aux boucles blondes ensanglantées autour d'un visage éclaté du côté gauche – l'œil droit ouvert était couleur émeraude. Terrifié, Jack reconnaît l'amie du peintre Delvaux croisée à plusieurs reprises. L'herbe inondée de sang induit qu'elle s'en est vidée. À l'évidence, l'assassin a déchargé son arme dans l'oreille gauche de la victime. Durant sa carrière de Casque bleu, Jack avait rencontré plusieurs fois la mort, c'était la guerre. En temps de paix, il est anéanti. Dans un sursaut de rage, il se relève et prévient sur le champ police et pompiers.

Une quinzaine de minutes plus tard, ils sont tous là, Jack informe et répond aux questions des uns et des autres, puis rentre chez lui avec Mozart. Il rédige une courte lettre au peintre Delvaux qu'il glisse dans sa boîte. La journée sera rude, autant anticiper et prendre du repos, mais Mozart montre des signes de déshydratation, aussi lui donne-t-il un grand saladier d'eau. Reconnaissant, l'animal accroche son regard au sien, Jack succombe et s'allonge sur son lit. Mozart le suit et s'encastre naturellement contre son corps. Très vite, le sommeil les emporte, comme pressé de les unir dans une paix profonde.

Tout juste débarqué d'Afrique, Carl trouve la lettre de Jack qui le pétrit d'horreur. Il se traîne à la police et à la morgue, puis contacte David en Vendée. Il l'informe et veut savoir où transférer le corps de Patricia. Avant de quitter Paris, il demande à la police criminelle de s'activer pour retrouver l'assassin, tout en pensant toutefois qu'elle avait dû être victime de sa dévorante passion pour les oiseaux. Un cri particulier l'aura attirée sous les arbres au petit matin… *Le Quetzal Lodge* lui revient, avec ses visions remontant à la préhistoire des Mayas. Une médiumnité mal canalisée semblait altérer par instants la personnalité de Patricia. Le surlendemain, il prendra la route avec Mozart pour la Côte de Lumière où David l'hébergera avec son indéfectible gentillesse. Celui-ci adoptera Mozart, logique, sa fiancée

Tosca est fin prête pour la vie de couple, à l'image de son maître qui vient d'épouser Olivia. Il n'oublie pas de laisser un message à Gill lui annonçant son retour d'Afrique et l'assassinat de son amie vendéenne. À elle, il lui souhaite toutes les douceurs du monde.

Rentrée d'Arizona depuis peu, Gill reprend le chemin du centre équestre qui embellit sa vie depuis son retour de Floride. Situé au sud-est de Paris, près de Sceaux, lieu où sa vie de petite fille bascula, elle apprend à monter Gypsie et découvre la grâce et le savoir inné de l'étonnante jument. Chaque jour est une métamorphose, jusqu'à être capable de longer l'enceinte de l'ancienne propriété de ses parents sans fracas. Gypsie est l'incarnation de l'assurance dans l'instant et Gill se sent nourrie, guidée, assistée, comprise comme jamais. Au sortir de ses cours d'initiation, elle existe autrement : autonome, aimante et féconde pour le monde.

Ce soir, elle rentre sur un petit nuage et d'avance, savoure sa soirée en solo. Il est entendu qu'un soir sur deux, Auteuil sera son escale sacrée, tant elle y infuse le bien-être de l'équitation et l'expansion intérieure infinie. Sa vie n'a jamais été aussi riche. Le lendemain, elle se rend auprès de sa petite famille, à Louveciennes, au Clos d'Alexandre. Elle y a laissé Alexa le matin même, et ce n'est pas elle qui s'en plaint tant elle y a son espace et l'adoration de Grant et Luigi.

Carl semble absent. Après le Costa Rica, il aura enchaîné sur l'Afrique. Aucune tentation ne peut donc la détourner de son programme de zénitude. Vingt et une heures s'affichent à son tableau de bord quand elle s'extraie de sa BMW. À la seconde où elle referme sa portière, un Transit Renault blanc pile près d'elle. Le coup de frein la paralyse, deux hommes cagoulés lui tombent dessus. L'un lui pulvérise le visage d'un anesthésiant et la bâillonne, l'autre traîne son corps jusqu'à la porte latérale et le décharge sur le plancher crasseux du véhicule. La portière glisse en silence, les deux voyous remontent à bord de la cabine, démarrent sous les frondaisons pour disparaître vers la porte de la Muette. Sans un cri, en trois minutes, le tour était joué. Seul un éclat de voix étouffé, bien vite couvert par les croassements de corbeaux en goguette.

Le Clos d'Alexandre, soir du 3 septembre

Il est vingt-trois heures. Les derniers clients ne vont pas tarder à partir. Luigi est seul avec une Alexa qui se trémousse, Grant est parti au Vésinet chez des amis. Deux hommes et une femme s'attardent, des clients inconnus, bien que la femme ait un regard qui en ravive un autre… L'un des hommes demande la note. Luigi, à peine concentré sur ses comptes, se voit privé de lumière par l'un des compères. En ricanant, la femme brandit son arme :

— Ah ! Tu m'as reconnue ? Grâce à toi, j'ai pris dix ans. Je veux juste dix millions d'euros pour moi et mes potes. Ce n'est pas cher payé, un million par année d'incarcération, d'injustice et de trahison !

— Tu débloques ! Et je ne les ai pas !

— Ta femme est pétée de thunes ! Et que ça saute !

— Laissez-moi l'appeler…

— Elle ne peut pas, elle est hors-circuit.

— Mon dieu, que lui avez-vous fait ?!

— Tu dois régler tout ça comme un grand, sinon ton Clos va cramer dans la nuit, et toi avec, compris ?

— Laissez-moi contacter ma banque à Lausanne dès demain, nous verrons s'ils peuvent débloquer…

— Tu admets donc avoir les fonds ?

— Je n'ai pas dit ça, mais ma femme représente une garantie pour eux…

Le grand costaud aux faux airs de Nounours reprend les manettes et dit posément :

— Bien. Nous allons afficher la fermeture du Clos et dormirons ici. Demain, vous monterez au créneau bancaire. Ton ex-fiancée t'accompagnera à la banque avec discrétion, d'accord ? À la moindre incartade, tu ne reverras pas ta femme ni ses dollars…

— Mais le personnel va arriver aux aurores !

— On leur expliquera, allons dormir, et toi avec les menottes…

— Jamais je ne te pardonnerai ta trahison ! Tu vas en chier jusqu'au bout ! aboya la véhémente Mireille.

— Je ne pouvais quand même pas laisser accuser un innocent alors que je t'avais vue pousser ta sœur sous le train ! Sale criminelle égocentrique !

Rugissante, Mireille fait un bon, pointe son arme vers le visage de Luigi :

— Je vais la défoncer, ta belle gueule d'enculé !

Nounours, pourtant véloce, ne peut rattraper le bras meurtrier de Mireille qui tire. La balle atteint l'épaule peu rembourrée du troisième larron, d'où son pseudo, « Fil de fer », qui hurle :

— Putain ! Avec toi c'est toujours le carnage ! T'es si pressée que ça d'y retourner au gnouf ? On ne peut pas continuer avec cette dégénérée, bordel !

Une hémorragie commence, il faut faire fissa. Luigi reprend son souffle et bénit l'avatar qui semble se retourner en sa faveur. Alexa aboie de façon intempestive et s'en prend aux mollets de l'infernale Mireille, au summum de l'hystérie. Nounours attrape cette dernière, la flanque face au mur, la menotte à l'arrière et demande à Luigi un coin isolé. La cave semble indiquée, Nounours y traîne la femme, l'installe sur des sacs de pommes de terre poussiéreux, scotche ses chevilles, lui laisse la liberté de peaufiner sa voix de virago et remonte. Sans un mot, en économie d'énergie, Nounours menotte Luigi, lie ses chevilles, et malgré sa face de bonze, on devine qu'il cogite sur les impromptus de l'existence. Après avoir déposé son otage sur le canapé du salon, il se rend aux cuisines pour chercher des torchons propres, éponge l'épaule du blessé, lui fait un garrot de fortune, puis extirpe de sa sacoche un fin vêtement de pluie qu'il enfile. Il charge Fil de fer sur une épaule jusqu'à sa voiture, l'installe, va fermer le portail, replace la pancarte, et démarre en direction des urgences de l'hôpital du Vésinet où son acolyte sera secouru.

Reprenant l'avenue de la Princesse pour quitter les Yvelines, Nounours se voit déjà survoler les grands lacs, puis atterrir en Gaspésie près de sa femme et ses enfants. Un grand souffle de liberté le traverse avant même de réaliser qu'il lâche l'affaire. « Son intuition est son maître » se dit-il souvent, comme un mantra, et puis ce plan était branlant avec cette cinglée qui embarque en enfer le plus compatissant de ses comparses. Rapidement, il regagne son spacieux studio de Montmartre — un ancien atelier d'artiste —, rassemble ses affaires, laisse un mot destiné à son frère au sujet de sa voiture à récupérer à Roissy, sans oublier d'en inspecter l'intérieur avec minutie. Son métier de bûcheron combiné à celui d'agent immobilier, et son activité de visiteur bénévole au sein des prisons, lui confèrent l'image d'un homme intégré dans la société, avec une indiscutable dimension humaine. Qui subodorerait que sa bonhomie cache plusieurs intelligences, de l'intuitive à la stratégique, de l'analytique à la plus subtile ? Par elles, il a mille cordes à son arc et peut naviguer en des sphères contrastées qui échappent à la plupart. Par ce côté transformiste, il trompe son monde et le monde entier. Et puis, son atout premier est de savoir lâcher prise au bon moment, là est le secret de son irrésistible intelligence.

L'enlèvement de Gill Delvaux, c'est son idée. Quant à tenter d'escroquer dix millions au mari, ce n'était qu'une mise en bouche émanant de la piètre Mireille. Néanmoins, il lui est reconnaissant de lui avoir confié son projet du Clos d'Alexandre, car il en a fait un nouveau concept en déléguant son frère et son neveu auprès de la milliardaire. Tous deux formés à son « école en escroquerie d'élite », ils l'ont enlevée contre une rançon de cent millions d'euros. Elle est cloîtrée dans une pièce insonorisée attenante à son atelier de Montmartre, occupé par son frère, agent financier et visiteur de prison lui aussi. L'affaire est transgénérationnelle.

Minuit est passé quand *Le Clos d'Alexandre* retrouve son charme sauvagement arraché deux heures plus tôt. Tout n'est pas réglé, mais le ciel étoilé et la lune souriante sont annonciateurs de lendemains plus sereins.

Le Clos d'Alexandre, 4 septembre

La veille, au milieu de son parcours, un pressentiment avait étreint Grant. Prêt à rebrousser chemin, il avait appelé Luigi qui, loin d'être branché sur les mêmes perceptions, l'avait rassuré : pour lui tout allait bien. Hébergé par ses hôtes, Grant ne put fermer l'œil, et à cinq heures, il se doucha, prit un café et rappliqua au Clos sur son scooter. Le panneau de fermeture accroché au portail l'alerta. Aussitôt il partit en trombe au poste de police du Vésinet pour raconter ce qu'il savait, en vérité peu de choses. Les policiers ne se déplaçaient pas sur de si maigres suppositions, mais ce gaillard d'allure chevaleresque à l'accent américain les intrigua. Ils dérogèrent aux règles établies et la brigade de service se montra réactive. Grant arriva au Clos à sept heures, escorté d'une dizaine de policiers, dont trois de la police judiciaire de Versailles. Cela faisait beaucoup d'effectifs pour deux personnes qui ne pouvaient remuer le petit orteil, mais ils étaient habitués à découvrir sous de tranquilles apparences de surprenants traquenards. Libéré de ses attaches, Luigi orienta les policiers vers la cave où gisait la rançonneuse. Tous deux avaient été attachés par un costaud qui s'était volatilisé avec le blessé. Jusque-là, c'était limpide. Arrivé au récit de la vengeance de la tueuse venue réclamer, après dix ans de prison, dix millions de dédommagement pour trahison, il fallut passer à la vitesse supérieure. Luigi précisa qu'au procès, il n'avait fait que témoigner de l'acte criminel de Mireille sur sa sœur. L'affaire étant jugée, l'urgence était désormais le supposé enlèvement de sa femme. Le chef de l'opération prévint son supérieur qui, à son tour, alerta le 36 quai des Orfèvres. Après maints échanges avec Interpol et la police de Lausanne, Mireille allait être reconduite en Suisse sous surveillance, avec la probabilité d'un séjour en hôpital psychiatrique. Loin d'être le cerveau de l'affaire, alors qu'elle avait été manipulée pour le croire, elle ne sut dire où était séquestrée Gill.

En ce matin radieux, l'avenue du Général-Lyautey est encore engourdie sous ses ramures et deux policiers font une enquête de voisinage. Il est neuf heures quand sort de l'immeuble habité par Gill Delvaux un bel homme à la mine triste accompagné d'un superbe chien blanc. Il s'apprête à charger son coffre quand un policier s'approche :

— Pardon, monsieur, nous enquêtons… Connaissez-vous une certaine Gill Delvaux ?

— C'est ma belle-sœur, j'ignore si elle est à Paris. Je lui ai laissé un mot, sans réponse. Lui serait-il arrivé…

— Certainement, elle a été kidnappée hier soir.

Carl ouvre de grands yeux, des sanglots l'ébranlent, il demande à s'asseoir dans sa voiture et prie les policiers d'en faire autant. Alors il leur raconte le cauchemar qu'il vit depuis la veille ; leurs collègues peuvent en attester. Les policiers ne doutent pas un instant de l'accablement de l'homme victime de la redoutable loi des séries. Ils l'écoutent et s'émeuvent du superbe chien au regard perdu, blotti contre lui. La scène de ces deux êtres en deuil est si poignante que l'un des policiers l'assure de sa compréhension :

— C'est dans ces moments-là qu'ils savent nous assister et s'ajuster au mieux aux situations, et sans un mot…

D'un sourire las, Carl acquiesce :

— Je suis bien de votre avis, avec eux c'est du direct, en cela ils nous dépassent…

Une longue caresse à Mozart suscite un échange de regards où deux âmes, sans distinction d'espèces, s'unissent dans l'indicible de l'amour.

Paris, du 3 au 7 septembre

Gill passera quatre jours dans une pièce insonorisée sans fenêtres et sans voir le visage de ses geôliers cagoulés. Nourrie de pommes de terre et de jambon blanc, ses boissons se résument à du café le matin et de l'eau de source à volonté. Dans un confort minimaliste, elle dispose d'un lavabo, de savon de Marseille, de lingettes et d'un broyeur WC. Aux premières secondes de l'enlèvement, elle avait su qu'elle allait devoir puiser en elle des forces jamais égalées, d'ordre physique comme psychique. Son instinct de vie s'était renforcé depuis qu'elle se sentait plus dense de l'intérieur, forgée au compagnonnage du cheval qui faisait table rase de ses peurs et de son stress chronique. Elle est sans crainte d'éventuelles agressions de ses ravisseurs, et ne pense pas être aux prises d'une mafia d'envergure comme le fut Alexandre. Elle visualise peu d'intermédiaires, pas de réseau, cela relèverait d'un coup ponctuel, artisanal et sans bavure. Puis elle doute, un mirage est si vite arrivé… mais pour l'instant, tout est soft. Ses ravisseurs ont intérêt à ménager toutes ses facultés pour réussir leur opération. Durant une minute, son raisonnement est dérisoire face au tragique destin de son mari. Elle se ressaisit, même sans livres et sans journaux, juste un matelas à terre et deux draps, elle n'a pas le droit de se plaindre. Il ne lui reste qu'à espérer revoir ceux qu'elle aime, notamment Alexa et Gypsie, ces êtres sans paroles dans l'acceptation totale de qui elle est.

Dans sa prison insonore, elle renverse les schémas et valeurs d'usage, sachant que l'investissement mis au service de l'angoisse se renverse sous le joug d'un imaginaire entraîné à se créer un monde d'images guérisseuses. Ainsi défilent les forêts de l'Île-de-France où Gypsie lui insuffle l'assurance de sa présence, le champ de cactées, les plaines herbeuses foulées avec Cheyenne dans l'incendie des couchants, et l'imprégnation aussi vivace que profonde de son séjour en Arizona. Elle évalue sa force de résistance et de dépassement, soupèse les trois temps : le présent est suspendu, le temps d'avant recule, celui à conquérir sera sa création humaine. Si elle s'en sort, elle en fera des choses… L'image de Jeanne s'impose encore. Rencontrée le soir de son retour au haras où fut donné un cocktail, cette femme de passage, amie des patrons, lui avait fait le récit de sa vie.

Jeanne gère une vaste ferme céréalière en Sologne et élève beaucoup d'animaux. Veuve depuis dix-huit ans d'un homme d'affaires très aimant, elle s'est retrouvée avec des dettes dues à des dossiers non aboutis. Si la vente du yacht et la location de la villa à Tanger permirent à ses enfants de poursuivre leurs études, elle s'épuisa à brasser mille choses, autant de chagrins, et à créer sa ferme. À la limite de ses forces, plusieurs soirs de suite, sa jument Licorne s'était présentée à dix-neuf heures à sa porte, et Jeanne avait fini par comprendre son message. Elle la monta et toutes deux partirent dans la nuit plusieurs heures. Durant des mois se poursuivirent ces épopées nocturnes. Chaque soir, Licorne se présentait avec ponctualité. Jeanne prenait place. Affaiblie de détresse au début, elle chevauchait le buste couché, les bras autour du cou de sa jument, telle une enfant confiante. Le temps faisant son œuvre, elle s'était redressée. Fortifiée, le goût des senteurs des plaines et des forêts lui revint, intense, la nuit surtout. Les étoiles gommaient l'ordinaire des choses, et tout son être infusait des ondes inconnues. Au bout de neuf mois, Licorne cessa ses rendez-vous du soir. Jeanne s'en étonna, mais se fia au flair de sa jument qui avait jugé que son rôle s'arrêtait là. De fait, au cours de cette longue gestation, insensiblement, Jeanne avait retrouvé une vitalité tant physique que psychique et spirituelle. À 75 ans, c'était une fabuleuse rédemption, mais Jeanne n'avait pas de mots pour traduire la portée de l'expérience : elle souriait, son regard se levait et restait accroché à l'indicible quelques instants. Les expériences humaines en lien avec l'animal sauvage ou domestiqué sont légion et merveilleuses. Il est incontestable que le cheval est à part, par sa densité physique et ses perceptions extrasensorielles : il prend tout en charge, du corps jusqu'à l'âme. C'est ce don à tout globaliser qui en fait un médiateur de choix auprès des psychologues.

Les rançonneurs ont trouvé dans son portable le nom de son avocat, maître Laurent, et l'ont contacté en le priant de rassembler la somme de cent millions d'euros sans laisser de traces en France, la moindre bévue mettant la vie de sa cliente en danger, et la sienne propre. Au téléphone, Gill lui confirma leurs dires, intimant à l'avocat d'aller personnellement en Suisse faire la transaction et de suivre à la lettre leurs instructions. Disposant de quelques feuilles de papier et d'un crayon, chaque jour elle note ses repères de survie. Enlevée dimanche soir le 2, maître Laurent parti à Lausanne le 4, de retour le 5, bientôt la fin ? En surimpression, l'île Maurice, elle est dans la nuit avec la rançon censée délivrer Alexandre, quelle désillusion… Redoutant les ravages du désespoir, elle fait appel à son imagerie mentale et se déroule le séjour à Gila Bend où elle avait acquis en août une part de désert pour y implanter une oasis avec hacienda. Guidée par l'inconscient de Georgia qui s'était manifesté dans son rêve de l'été, Gill avait entrepris les travaux qui combleraient trente-six années de mise en quarantaine. Situé à 85 miles de son ranch, Harlan suivait les travaux avec vaillance. Qu'il était bon de pouvoir compter sur ce père d'adoption si pacifique et vaillant. Sa simple évocation l'emplit de chaleur, en contraste total avec l'espace nu et glacé de sa geôle. Puis elle pense à sa tendre Gypsie qu'elle embarquera dans son aventure.

En haut de la butte Montmartre, sous la verrière du funiculaire, ordre est donné à maître Laurent de déposer à vingt-deux précises, dans la poubelle de droite en sortant, la rançon enveloppée d'un sac plastique noir. Sa mission exécutée dans les règles, l'avocat s'en va. Cinq secondes plus tard, il se retourne et voit une jeune femme masquée en tenue de carnaval s'emparer du paquet. Elle le glisse dans son sac à dos fuchsia qu'elle accroche à l'épaule et, sur quelques pas de danse, entre dans la basilique du Sacré-Cœur. La tournure facétieuse de l'affaire le trouble. Il attend cinq minutes pour vérifier une éventuelle méprise, mais rien d'autre ne se profile à l'horizon.

À minuit, une berline noire dépose Gill devant sa porte, entière, bien vivante, juste délestée de plusieurs millions d'euros. Elle appelle Luigi, le rassure en trois mots, et lui fait part d'une folle envie de sa jouvence préférée pour le lendemain, des huîtres Gillardeau. Une fois iodée, bien requinquée, elle aura mille choses à lui dire. Elle en est à son deuxième verre de San Pellegrino quand maître Laurent l'appelle, heureux de la savoir délivrée et indemne. Lasse, elle en profite pour prendre rendez-vous avec lui pour le lundi. Trois minutes plus tard, un bruit de chute sinistre, tel un glas, lui coupe le souffle. Un torrent venu de la cuisine envahit l'espace. L'eau aux mollets, elle découvre le débit dantesque du gros radiateur éventré. Elle téléphona à Jack, l'ange gardien de l'immeuble, qui descend illico à la cave fermer l'arrivée d'eau de la colonne concernée. De retour, il appelle un plombier de nuit qu'il attend avec elle en écopant avec vaillance. Devant la lassitude de Gill, il lui conseille de commander un taxi pour aller se reposer au Clos : il assurerait. Cette idée lui donne le sursaut qu'elle attendait. Elle saisit son portable. Dix minutes plus tard, le taxi est là, Jack l'accompagne. Anéantie, Gill se laisse conduire en songeant que Paris ne veut plus d'elle, puis s'endort jusqu'à son arrivée au Clos où Alexa lui démontre toute la force de son amour.

ÉPILOGUE

« Il n'est pas de vent favorable
pour celui qui ne sait où il va. »
SÉNÈQUE

En août 2012, du bain rassurant de la vie familiale aux espaces lumineux, avait germé dans l'esprit de Gill d'aller plus loin dans le désert de Mojave. Là où les silences sont plus grands et les ocres plus chauds. Abreuvée de pluies d'or, de fontaines jaillissantes issues de ses rêves éveillés, sa visualisation grandissait. Un soir, elle s'était écriée : « Georgia chérie ! Je vais réaliser ton rêve en achetant un peu de ce désert ! Que dirais-tu d'y faire construire une oasis avec hacienda ? *Le Grand Silence* sera son nom ». Dès le lendemain, la bâtisseuse inspirée avait contacté les administrations qui lui firent bel accueil. Le gouvernement recevait rarement des demandes d'achat d'une telle envergure, qui plus est pour y implanter une oasis, trois bassins, un vaste potager, une hacienda et des lodges pour le personnel et leurs familles. La création de nombreux emplois inhérents au fonctionnement de l'ensemble participerait au développement économique et humain de l'Arizona. Cette femme en devenait le messie. À sa sortie de séquestration, elle fit activer les travaux sous la houlette de l'efficient Harlan. Arrivée en octobre aux abords de Gila Bend dans son décor de western, elle fut subjuguée. L'hacienda s'étalait dans un décor d'oasis étourdissant de couleurs et de fraîcheurs végétales. Les sœurs allaient y vivre, avec ou sans hommes, rien n'était gravé, mais pour les mustangs, la chose était acquise.

Sous le ciel azuréen, le domaine étincelle de rusticité et surplombe la rivière Gila d'un côté ; de l'autre il s'étend vers le désert de Chihuahua, territoire des indiens Chiricahua. Derrière l'hacienda, le paysage n'est qu'alternances de vallons encaissés entre des vestiges volcaniques sculptés par les vents de sable. Une végétation de feuillus et de cactées y pousse. Plus loin, des forêts de pins grimpent à flanc de montagne. La variété est enchanteresse. D'ici peu, les corrals destinés à abriter une dizaine de mustangs, Cheyenne et Gypsie, seront prêts. Georgia se prépare à animer des séances de thérapie équine pour les autres, légère et quasi guérie. La perspective est réjouissante pour l'ancienne psychanalyste, devenue agent de la CIA et blessée au combat. La vie n'a cessé de danser en elle, et commencer cette autre partition entre une sœur tombée des nues et des mustangs, est un bonheur sans nom. Chaque jour, se frotter à ces maîtres aux dons surnaturels, à leur sens de justesse qui n'est que sagesse, est une bénédiction. Tout pratiquant est naturellement invité à la communion du palpable de la Terre et de l'indicible du Ciel, parfaitement incarnés par le cheval. Son secret étant d'apprendre à l'homme d'exister sans clivages.

Cet ineffable bonheur est à partager avec leurs amis. Déjà, elles lancent leurs invitations pour fêter Noël au Grand Silence. Il y aura les proches : Harlan, Azucena, Pedro, Ramon, les employés Chiricahua et leurs familles. Luigi viendra en février. Grant propose de ramener Alexa et de rester œuvrer au Grand Silence pour toujours. Ses racines sont à Phoenix, bien qu'il soit attaché au Clos et à Luigi. Son choix s'annonce cornélien. Marc rentrera en France passer les fêtes en famille.

Carl, occupé à faire le bien autour de lui comme au loin, remonte les pentes glissantes de l'existence. Il se remet d'un épuisement dont l'origine se trouve au Zimbabwe où il avait débusqué une corruption en marche. Rentré quasi dévasté à Paris, il dut affronter l'horreur : l'assassinat de Patricia qu'un probable cri d'oiseau inconnu aura précipité dans l'allée, mais aussi dans la gueule d'un tueur en crise ! À l'extrême limite de ses forces, Carl assuma le rapatriement de son amie en Vendée. Après les obsèques, il resta trois semaines chez David et visita souvent son amie en sa dernière demeure. Ressourcé aux parfums des pinèdes et aux défis du surf, il avait ensuite regagné le Costa Rica. Son filleul assurait la direction du manoir avec brio. Délivrance bénie sur les injonctions de la vie.

Comme fort à propos, un appel de Gill et Georgia venait de réveiller ses rêves de galops fougueux dans les pas de Cochise et autres figures du far west. Il admire la force de dépassement de l'audacieuse Gill, la portée de son esprit inventif et son habileté à sortir du formatage inhérent à la fortune. Connaissant l'envers de la condition des gens riches, le carcan fragilisant de leur isolement, les peurs qui les rendent maladroits, leurs armures qui mènent certains au désespoir, Carl était compatissant envers ces mal-aimés du monde. La venue de Georgia fut le feu d'artifice qui purifia les névroses familiales, et il aima son invitation : « Soyez notre invité *number one* pour les fêtes. Vous admirerez l'œuvre pharaonique de Gill, ma sœur est faramineuse… Ici, le climat rude porte à l'exaltation et rend plus fort. Vous allez succomber, on vous attend ! » La vision des mois écoulés fit tomber sur lui une avalanche de sublime et d'horreur. Sa poitrine se convulsa, un spasme l'étrangla puis de lourds sanglots évacuèrent un trop-plein de chagrins. Il s'allongea, ferma ses yeux douloureux qu'il recouvrit d'une serviette et s'endormit.

À son réveil, il vibrait de curieuses sensations et une voix, celle de Patricia, lui avait chuchoté : « Carl, où en es-tu de ta peinture ? C'est par elle que tu puises tes forces vives, qu'attends-tu ? Je vois des chevaux, des mustangs, cours vite les peindre… » Hébété, il admit n'avoir pas touché un pinceau depuis mai, pour son portrait à elle. Il avait réfléchi au message si ajusté à sa sinistrose et répondu à voix basse : « Petite Patricia, je t'entends, tu as raison, je dois peindre, pour toi, pour les Villages de l'urgence et mon art de vivre. C'est promis, et je saluerai les mustangs pour toi… » Le message de Patricia était devenu son phare. Alors il avait pris son téléphone et annoncé à Gill :

– Prépare-toi, je vais t'envahir un bon moment, j'ai tant de retard en peinture… !

– Nous t'attendons, prévois du temps avec les mustangs pour te remettre en selle en tout point…

– Ton Grand Silence va me ressourcer, et par lui mes talents méconnus vont enfin être révélés au monde !

Tandis que le beau rire de Gill le traversait, elle avait conclu :

– Mais c'est un début génial, Carl ! Comment douter de la suite ?!

Dans la volupté romantique du Grand Ouest américain, Carl retrouvait la saveur de vivre. L'expérience de la thérapie équine fut le vertige qu'il attendait. Les tourments se diluèrent, la mémoire s'épura aux parfums sauvages. Aux lumières naissantes, un bouillonnement créatif le saisit et ce fut l'explosion inespérée.

Pour contacter l'auteure : **https://joellepaillers.com**

Imprimé sur papier **Clairefontaine** fabriqué dans les Vosges.

Achevé d'imprimer sur les presses de l'imprimerie
Centre Littéraire d'Impression Provençal
www.imprimerieclip.fr
contact@imprimerieclip.fr

IMPRIM'VERT

FABRIQUÉ EN FRANCE